新小·伢过四季

傅　盈　编著

ZHEJIANG UNIVERSITY PRESS
浙江大学出版社
·杭州·

图书在版编目（CIP）数据

新小伢过四季 / 傅盈编著 . -- 杭州：浙江大学出
版社，2023.11
ISBN 978-7-308-24248-6

Ⅰ . ①新… Ⅱ . ①傅… Ⅲ . ①小学教育－教育研究
Ⅳ . ① G622.0

中国国家版本馆 CIP 数据核字（2023）第 184652 号

新小伢过四季

傅 盈　编著

策划编辑	吴伟伟
责任编辑	马一萍
责任校对	陈逸行
封面设计	周　灵
插　　画	石晶晶
出版发行	浙江大学出版社
	（杭州市天目山路 148 号　邮政编码 310007）
	（网址：http://www.zjupress.com）
排　　版	杭州浙信文化传播有限公司
印　　刷	杭州钱江彩色印务有限公司
开　　本	880mm×1230mm　1/32
印　　张	6.875
字　　数	135 千
版 印 次	2023 年 11 月第 1 版　2023 年 11 月第 1 次印刷
书　　号	ISBN 978-7-308-24248-6
定　　价	38.00 元

序

人文日新　成就童心

六年呵，最该烂漫的年月，孩子在校园里度过，学校能给予他们怎样的生存空间？我一直一直在寻找答案。

有一天，一个幼儿园的小朋友忽然缠着妈妈要去上小学，要去文新小学上学。妈妈问他为什么？他说那里有两只"恐龙"在等他。

原来，前几日幼儿园的老师带着他们来小学参观，一年级的小哥哥小姐姐牵着他的手认识了操场旁正在散步的"恐龙宝宝"与"恐龙妈妈"，他心里一直念念不忘，于是就天天催着妈妈赶紧把自己送到学校去才好。这两只"恐龙"，本是杭州市西溪湿地中的中国湿地博物馆栩栩如生的恐龙模型，布展结束以后这一对庞然大物原本会被拆散解体，变成一堆废品。老师们知道以后，想尽办法把它们请进了校园，腾出教学楼旁边的绿地让他们"散步"。从此以后，它们身边每天都簇拥着"迷弟迷妹"，有的蹲在它们的脚边嬉戏，有的踮起脚尖轻轻触摸它们嘴里的牙齿，有的几人拉起手来想试着能不能把它们环抱进去……这里欢笑不断，就好像一个乐园。

上学是值得期待的事情，让校园变成伢儿们迷恋的地方，这多好。

暑假里，一个大学生模样的年轻人在校门口央求保安师傅让他到校园里去一趟，多年前曾经就读在文新小学，有东西保留在学校里了，他想去看一看。保安师傅告诉他学校正在进行基建且没有老师，而且那么多年过去了他想找的东西肯定不在了，但是却架不住他再三恳求……

出门的时候，保安师傅看他脸上带着满意的笑容，忍不住好奇地问：难道你的东西还在啊？他得意地说：找着了，我当年设计的小树屋还在呢！他不知道的是，不仅小树屋还在，当年挂在小树屋上的许愿瓶也还都在呢。如果打开许愿瓶中的小纸条，仿佛穿越时空般，就能和当年那个踌躇满志的小伢儿来个隔空对话。年少的心从未远走。

校园处处都有记忆，学校是小伢儿们亲手创造建设的地方，这多好。

新学期又开始了，新一波一年级小朋友陆陆续续地走进了校园，其中的一家四口特别显眼，小姐姐熟络地与老师们打着招呼，同时提醒妹妹要主动问好。原来姐姐刚从这儿毕业，现在妈妈又把妹妹送进了校园。看着姐姐牵着妹妹轻车熟路地逛着校园，妈妈安心地跟老师们聊起了天。原本一家人已经搬进了新房子，换了新学区，但是姐姐极力推荐自己的母校，妹妹也执意要读姐姐就读过的学校，于是他们又搬回了原来的老房子。看着姐妹俩像快乐的小鸟一样"飞"了出去，妈妈开心地说：这里就像家一样，哪里也没有这里好啊！

学校就像家一样温暖，小伢儿们觉得安全可靠、自由自在，这多好。

又一天……

像这样的故事说也说不完，"苟日新，日日新。"——将校园视作森林，秋收而香、冬蕴而暖、春萌而动、夏盛而秀，让有限的空间变成无限的天穹，每一个童心都在这里得到应有的珍视，从偶然为之到日常习惯，从刻意为之到自然而然，从模糊想象到形成清晰的行动轨迹，这一切都变成了滋养生命的能量，每一个生命都在这里萌动、蓬勃、舒展。新小伢在这里一天天长大，成长的足迹遍布校园的每个角落，我们把一个个足迹记录下来，编辑成《新小伢过四季》这册小书，奉献给您——

小文老师，是记忆里你的我的每个人的一颗童心……

新小伢儿，是记忆里你的我的每个人的一份童真……

目　录

一、秋之甜香　/001

欢迎你的到来　/003

校园"杏"事　/008

橘子为什么那么香　/015

特殊的"奖状"　/020

土味音乐会　/025

丰收节　/029

探究无患子之旅　/033

隔空对话康定斯基　/038

秘密基地　/043

明星卡　/048

1

二、冬之煦暖　/053

立体书展——穿越"三国"　/055

一盘盘香引发的学习革命　/060

辩论进行时……　/064

打造理想的大书房　/069

门庭的超级变变变！　/074

我们的造物节　/079

学做小木匠　/083

福娃的年终派送　/088

玩偶云队会　/094

37封特殊的情书　/100

三、春之萌动　/105

别样的开学典礼　/107

等你来！一起来！　/111

"好事多磨"的玉米棒　/114

"起死回生"的仓鼠夫妇　/119

鸡妈妈与鸡宝宝的故事　/124

"团宠羊"的故事　/130

一日校长"履职记"　/135

你笑起来真好看！　/140

一只幸福的小鸟　/146

爷爷，我爱你！　/151

四、夏之繁盛　/157

有魔法的气球　/159

让四季美景停驻校园　/165

窗边的小雏菊　/168

我真的很优秀……　/173

稻梦空间　/179

"有贝而来"博物馆　/185

博物馆奇遇记　/190

小鬼当家！　/195

跨越五千年的游园日　/200

毕业礼屋　/204

后　记　/209

一

秋之甜香

"一年好景君须记，最是橙黄橘绿时！""香香季"来了，让我牵着你柔软的小手，拾银杏、闻香樟、探蜜橘……每个大胆实践、主动探究的第一次，都是我们独创的传奇。

欢迎你的到来

夏末初秋，蝉鸣不绝。校园的花花草草熬过了盛夏的燥热，等待着迎接又一波崭新的面孔。于我而言，更是如此，这一份期待更是持续了半月有余。

走在回家的路上，偶然看到一个绿油油的邮筒，好奇地走近观察着这许久不见的"老物件"，却发现它被透明胶封住了投递口。那一刻，我知道"从前，车马慢"的时代已然逝去。E-mail 淘汰了书信，让它看起来有点笨拙。但其实，在当下及时通信不费吹灰之力就能实现的时代，书信也意味着慎重、细致与真诚。

我能不能给那些素未谋面的娃儿们写一封信呢？写些什么内容，能让孩子们快速地认识学校，认识我呢？如果我是孩子，收到信的那一刻会是什么样的心情呢？灵感乍现之后，我开始美美地幻想着新小伢收到信时的惊奇、兴奋、满足……

　　"亲爱的小朋友，你好！我是你的小文老师。祝贺你成为一名光荣的小学生。你肯定很期待吧！我也是，盼着早点儿能够和你见面呢！"提笔写信，每一个字眼都承载着我的期盼，我告诉新小伢们，他们即将来到的学校是一个神奇的地方，即将见到的老师个个充满能量。

　　"爱你的文老师写于辛丑年孟秋。"折好信纸，塞入特制的"文新信封"，再加盖上一枚"人文日新"的邮戳，最后贴上邮票。承载着爱与希望的40封信，安安静静地等待着邮递员叔叔的投递，静候新小伢们亲启。

　　"鸿雁传书"，一种别样的开学方式。我想告诉我的小伢儿们，寄信是一种能传递温度的交流方式；我想告诉我的小伢儿们，慢慢探索新空间，你会发现很多小美好；我还想告诉我的小伢儿们，来到这里，你应该"探头张望"，看这弥漫在角角落落的生长能量，看这生生不息的新希望。

　　我的用心也换来了新小伢们积极的回信。乐乐画了一张《我心中的文老师》，画中的女老师像公主一样戴着皇冠，有着长长卷卷的头发，看上去无限温柔；阳阳用一手漂亮的汉字告诉我，他特别想上小学，想在明亮的教室里学习知识；萌萌用超轻黏土制作出了她心中的mini校园，她的"校园"里还有滑梯呢！读着一封封回信，我更加期待早日与孩子们见面。

　　"我是小学生啦！"随着一阵阵脆生生的童音，新小伢们背着小书包走进校门。一些在美丽的校园望啊望，羞涩里藏着兴奋；另一些跟随着"小导游们"一起探寻着有趣的校园十景——藏着许多宝藏的贝壳馆、木香弥漫的好奇仓库、雨林似的恐龙小剧场、暖暖的心悦屋、金色的银杏大道、可爱的蘑菇房、生机勃勃的小鱼池、动感的彩虹跑道、安静的大书房……

"我最喜欢恐龙小剧场，这只恐龙好可爱，好像正向我走来！"

"我要在下课的时候，和小朋友在彩虹跑道上比赛跑步，我跑步可厉害了！"

"我真的好想把贝壳馆里的贝壳带回家呀！"

萝卜青菜各有所爱，每个小伢儿在参观之后都说出了心声。一个小伢儿拉着我的衣角，问我："老师，我什么时候才能来上学啊？我等不及了！"入校探索让原本编织在新小伢内心的梦成了现实，让他们成了校园里的一棵小苗，等待着破土萌发。

一天天过去了，他们喜欢自己的学校，喜欢自己的班级，喜欢他们的老师！他们懂得了有礼貌地打招呼，学会安静地用餐，知道上课要认真倾听。他们认识了更多的汉字，也交到了更多的朋友……淘气的时候，几人合作试图摘取树上的果实，不慎失手，折断了树枝，引来后勤老师如炬的目光和我严厉的批评；高兴的时候，欢呼雀跃，笑声从一楼传到三楼；懂事的时候，安慰我不要生气，帮我倒水，提醒我要多喝水。新小伢点点滴滴的小举动，我看在眼里，乐在心里。

从9月1日踏进校门的那一刻起，他们每天都有进步，每天都在变化，时钟的脚步走过一百天，就迎来了一个纪念成长的特殊节日——入学百天纪念日。为了这一天，他们努力了一百天。怎样才能让小伢儿对学校和这段经历留下深刻记忆呢？为了这一刻，小伢儿的爸爸妈妈和老师们都在精心筹备，只为留下更多美好的印迹……通往风雨操场的走廊布满了小伢儿们的足迹；他们用一首首童谣唱出了一百天的变化；他们发挥创意，用树叶、纽扣、彩珠等各种材料，摆出"100天"、蛋糕、少先队员等造型，用心凝聚成一幅幅充满童趣而又富有意义的作品；墙上挂着每个孩子出生百日和入学百日的照片……

场地准备就绪，主角闪亮登场！

一年级的小伢儿换上了盛装。瞧，那边的几个小姑娘穿上了缀满树叶的小纱裙，如同一个个树叶精灵。还有些小伢儿穿上了汉服，扮起了小诗人，举手投足之间别有一番风采……虽然孩子们的着装各式各样，但是他们脸上洋溢着的笑容是一样的！跳舞、跳绳、跳广播操，吟诗、诵词、唱小曲……每个新小伢都充满自信地在全年级同学、老师、家长面前亮相，展示了自己的才艺！一次次彩排，一声声鼓励，换来了一天天的进步，一个个的惊喜。

星星同学用稚嫩的声音说出了自己的心声："从开学到现在，我在学校的每一天都很开心！"小小的个子，大大的声音，令在场的大朋友们都忍俊不禁。

新小伢的爸爸妈妈在这样一个特殊的节日也为他们送上了大"礼"。"剑客爸爸"一出手，全场掌声响起来；"红军妈妈"齐上阵，娃儿台下齐欢呼。爸爸妈妈们用振奋人心的节拍表达了对孩子们的美好祝福：长大之路要学会刚柔并济，要博古通今，还要学会不断挑战与超越自己！

在相伴的日子里，我们悄悄地在孩子们心里播下了一颗颗崇善向美的种子。希望这份仪式感满满的百日礼，能够成为新小伢们珍藏一辈子的回忆，也成为他们拉开校园生活的美好序幕！

校园"杏"事

　　"世界上并不是缺少美，而是缺少发现美的眼睛。"这句话想必大家都耳熟能详。但是真的要从身边发现美的东西，却不是人人知道并且能做到的了。有一天，就在走进校园的那一刻，新小伢给我上了一课……

　　"小文老师，你看这一片叶子漂亮吗？"一个小伢儿从地上捡起一片银杏叶，兴致勃勃地问我。

　　"嗯，好看。"我敷衍了一声。心想，不就是一片银杏叶嘛，我得赶紧走，还需要赶紧去准备下一节课的实验器材呢！

　　"小文老师，你觉得是她的那一片好看还是我的这一片好看？"另一个学生也举起一枚落叶，并把它举到我的鼻尖前，认真地问道。阳光照在他的脸上，照在那金灿灿的叶片上，显得通透明亮，只是我实在无心欣赏。

　　"嗯，都好看。"我随意地应付着，脚步并没有停下来。

"小文老师，我们这两片银杏叶怎么不一样呢？"第一个学生像忽然发现新大陆一样，非要拉着我仔细看，她歪着头问我："你看这片叶子中间是裂开的，而这片却很完整。这是为什么呢？"

"你们俩好好研究一下吧。"我哪里知道为什么呢，而且我对这个问题也不感兴趣，只匆匆忙忙地应付道："我有课呢，我先去上课啦。等一下你们把研究的结果告诉我吧！"

"好！"两个学生异口同声地回答，好像接受了一个了不起的任务。

这一天我上了很多课，到下午早就把这件事给忘记了。没想到放学时，两个小伢儿手牵手来到我的办公室，得意地说："小文老师，我们有新发现！"

"那我要好好听一听。"我被这两个娃娃感动了，开始认认真真地看着他们，听她们讲自己的发现。

"因为银杏树有雌雄之分。这两片叶子分别是雄树和雌树的叶子！"没想到这两个小不点儿还挺厉害，拿出早晨捡到的两片叶子娓娓道来："这一片没有缺裂的是树妈妈的叶子，这一片有缺痕的是树爸爸的叶子。"

"你们怎么知道的呢？"我心里有点惭愧，作为老师我怎么从来没有去关注过这些。也从来没有发现过，更没有在一开始就认真对待她们提出的问题！

"今天有节信息课，我们上网查到的。"俩孩子得意极了，"小文老师，你喜欢这两个树宝宝吗？"

这一次，我真正认真地观察着这两片叶子。它们平整地躺在我的手心里，黄中透着红，边缘好像镶了一层淡淡的花纹，就像两把小小的扇子。

"真好看！"我由衷地赞叹道。

"我们要把它们做成书签。"俩孩子好像得到鼓励一样，兴致勃勃地跟我道别，开开心心地回家了。

我站在二楼的走廊上，默默地看着俩孩子走远。又仔仔细细地观察了大门口的这几棵银杏树。我数了数，左边有五棵，右边也有五棵，每一棵大概都是碗口粗细，此时正是枝繁叶茂的时候，每一棵树的叶子都是金黄金黄的，在夕阳的照耀下，片片落叶徐徐而下，就像一只只蝴蝶翩翩起舞，别提有多美了！这些树是建校时种下的，伴随着一届届孩子们长大而茁壮成长，而我直到今天才这么仔细地，甚至带着一点敬畏的心情，注视着它们。

我思绪万千。最近这段时间正是学校启动"香香季"的时候——所谓香香季，就是在秋高气爽的季节里，带着孩子们去探索花香、叶香、果香。校园里这几株银杏树，不正是最好的研究对象吗？它们在召唤着同学们去亲近它们、研究它们、了解它们。

　　说干就干，我决定就带着同学们来研究这个"熟悉的陌生人"。至于研究哪些内容呢？既然一开始问题来源于孩子，那么主动权还是交给孩子。听听他们想研究些什么吧！

　　研究项目一启动，小伢儿们的研究主题就如雨后春笋般层出不穷，很多是我平时都没关注过的，甚至是无法立刻回答的问题。

　　"银杏分布在哪些洲？"

　　"银杏有多少个品种？"

　　"怎么区分银杏的雌雄？"

　　"银杏的'树奶'是怎么形成的？"

　　"银杏与中国的文化有哪些关联？"

　　……

　　每一组同学都有自己的兴趣点，那就让大家按照自己感兴趣的内容去寻找答案吧。研究主题确定后，同学们以极大的热情投入到对银杏的研究中。校园的银杏树下时常可以看到他们的身影，抬头观察一下树杈、伸手摸摸树干、捡几片树叶认真地观察……组内的同学还时不时交流一下：

　　"你有没有发现校门口的这几棵银杏树树杈长得不一样？"

　　"怎么不一样了啊？"

　　"你看，左边第一和第二棵的树杈是像这样平展开来的，而第三棵的树杈是往斜上方长的，长得没这么开。"

"还真是呢，这是怎么回事呢？"

小伢儿们一下子没有找到答案，但是他们并没有在这个问题前止步，他们开始孜孜不倦地寻找答案。过了几天，大家开始分享自己的观察与收获：

"我查过资料了，树杈长得不一样是因为雌雄不同。雌树主枝与主干的夹角大，可以达到50°以上，看上去向外平展甚至下垂，乱而向四方扩展。雄树主枝与主干的夹角小，大多在30°以内，有的几近平行于主干生长，挺直向上，枝条看起来也比雌树粗壮好看。"

"我也上网查过了。我还知道了雄树会开花，雌树不会开花。"

"真的吗？我以前从来不知道呢。那让我们一起去校园里找一找，哪些是雄树，哪些是雌树吧。"

……

这样的交流在整个项目研究阶段从未间断，小伢儿们从未如此近距离地研究过这些每天可见的银杏树，这一刻它们不仅仅是一棵树，仿佛化身为小伢儿的密友，享受着大家的抚摸与亲近。

"香香季"活动结束时，小伢儿们将他们的研究成果展示在了校园的墙上，正对着几棵巨大的银杏树。

研究银杏分布的小队知道了银杏被称为"活化石"的原因，搜集到了树龄达四五千年的银杏树的资料，还特地爬上五云山去看了一下山上的"银杏王"。树龄近 1500 岁的"银杏王"是杭州这座城市生命活动的古老的见证者。

研究银杏品种的小队知道了银杏有四个种类，校园里的银杏就分属不同的种类，所以同样是扇形的叶，缺裂深浅不一、种子大小不同……

研究银杏的"树奶"的小队给其他同学上了特别生动的一课，让大家知道了原来银杏树上那些难看的疙瘩是银杏树干侧枝下面形成的一种变态枝，有趣的名字代表着它与众不同的生长过程与样态。

研究银杏文化的小队呈现出的成果更是让大家对银杏肃然起敬：银杏是民族的象征，寓意着无私奉献、尊老爱幼的传统美德，还被郭沫若先生称为"东方圣者"，更有众多诗作礼赞银杏。

大家还做了很多以银杏叶为主题作品，有的是书签，有的是题花，通过深入研究后，在同学们的眼里每一片银杏叶都成了宝贝。

天气慢慢变冷，银杏叶一片片都掉在地上，就像是一层地毯。孩子们不舍得保洁阿姨把它们扫掉，又继续在满地的银杏叶上搞艺术创作，有时把树叶叠呀叠，铺出来一个很大很大的爱心；有时把树叶划呀划，写出来一组很大很大的字"人文日新"；有时候同学们索性抓起落叶扬呀扬，就好像下起一阵

"银杏雨"……

后来银杏的种子成熟了，一颗颗地从树上掉落下来。新小伢们又有了新发现：外种皮淡黄色、柔软，却奇臭无比；中种皮白色、骨质；蒸熟剥开里面绿色的胚乳部分却非常软糯好吃。

"咦，这两颗银杏种子怎么长得不一样啊？"

"真的呢，一个尖长，一个短胖。"

"为什么会这样啊？"

瞧，一个新的研究课题又萌生了。看着大家兴致勃勃的模样，我也情不自禁地感慨：校园里有这十棵银杏，真是新小伢们的一大"杏"事呢！

橘子为什么那么香

"今天吃的是橘子还是橙子啊？"

"这气味一闻就知道是橙子！"

"不对，是橘子！"

……

课间的时候，小伢儿们一边吃水果，一边讨论。没想到谁也不能说服谁，在我的建议下，他们决定在那天晚上组织一次小队活动，开展一次"闻香识橘"的探究活动。

说干就干。为了让探究活动更专业，我特地为研究小队的同学们请来了浙江省医学科学院的专家，还带来了专门检测气味的高科技装备。

大家学着专家老师的样子，迅速戴上检查手套和口罩，先研究橘子的物理属性，包括外观、颜色、气味等；接着剥开一个橘子，按橘皮、橘络、橘瓣分别仔细剥离归类。

"好香啊！"新新忍不住拿起橘子皮凑到鼻子边使劲吸起气来。

"快放下！如果是在科学实验中，你这样闻气味，容易发生危险！"专家老师立刻按下了新新的手。

"啊？闻气味还有讲究，平时不都是这么闻的嘛！"新新疑惑地挠挠头。

"是啊，这里头学问大着呢，"专家老师拿起一片橘子皮，"在科学实验中，为了避免发生危险，不能直接凑近鼻子闻，闻气味的正确方法是用手在气味源处轻轻扇动，使少量气体飘入鼻子中，就像这样。"专家老师边说边做着示范。

同学们一起学着样子做："哎，真的会有一股淡淡的清香飘入鼻中，不会像刚才闻着那么浓烈，而橘瓣的气味闻起来有一股酸甜味。"

大家说着自己的发现，我也为他们的探索收获感到高兴。毕竟这些问题都来源于他们自己的生活，这样的探究过程对他们来说弥足珍贵。

接下来，同学们尝试用不同的方法提取了三种水果的汁液，做气味对比实验。新新力气最大，大家推荐他用力挤出汁液，其他几个女生选用了榨汁机榨出液体。在这基础上，大家又学习使用移液枪——这是同学们第一次见到移液枪，拿着移液枪，他们像是真的变成了科学研究人员。同学们很认真地用滴管吸取水果上层的纯液体，装入样品瓶中。为了避免滴管吸入固态物，专家老师又指导小伢儿们将容器适当倾斜。

"使用移液枪时要注意，插上吸头时，手不能触碰尖端，吸液体动作要慢，少量多次。"

在专家老师的指导下，每一个同学都顺利地完成了实验，脸上写满了成就感。他们先将离心管放入离心机，离心机高速运转，分离液体和固体颗粒；又用移液枪移出上层的液体，对它们进行脱色处理，将三种脱色后的液体装入样品瓶中，标上序号。

完成了以上的准备工作，最重要的"闻香识橘"实验环节开始了。同学们一边扇气味，一边细细辨别。

"我知道，我知道，是橙子，我吃了这么多橙子，肯定不会错。"

"对对对，肯定是橙子，橙子的味道，甜甜的，我是大吃货，听我的准没错！"

"我怎么闻着感觉差不多啊，橘子和橙子味道有啥区别啊？头大！"

……

大家你一言我一语地说着自己的判断，最后，一致认定1号气味是橙子。结果，正确答案居然是橘子，全体失败。

伢儿们不约而同地把目光投向了我，我鼓励他们不要放弃："实践出真知，继续实验！"

于是第二次识别行动开始了。

"柠檬！这次肯定对，酸酸的清香，准没错！"

"是的是的，我妈每天给我泡柠檬水喝，就是这股味儿！"

也许柠檬的气味太特别了，这次同学们都成功了，大家特别兴奋！

"既然橘子和橙子的味道这么难辨别，要不第三次我们仔细比较下它们的气味吧？搞清楚到底是怎样的！"

"好的好的！"

在队长的建议下，第三次大家专门进行了橘子和橙子气味的对比识别。每个人都拿着两根棉棒，细细闻，慢慢辨别。

"感觉橘子味儿比橙子味儿更甜！"

"我发现橙子的味道很清新哎！"

"对，对，橘子的味道好像没这么清香，但是更甜，我好想吃！"

"哈哈哈哈……"

最后，在大家的齐心努力下，得出了结论：橘子的气味更甜腻，橙子的气味更清香。但是新的问题来了，为什么橘子会这么香呢？

"小文老师，我知道。因为它含有40多种挥发性有机物。"新新就像一个小博士一样，得意洋洋地说。

"为什么刚才柠檬的气味比较容易识别呢？"我故意追问道。

"我在资料上看到过，橘子、橙子、柠檬都含有柠檬酸，但是柠檬的柠檬酸含量比较高，所以闻起来气味最好识别。"新新回答的一点都不含糊。

一旁的专家老师听了孩子们的回答，频频点头。我继续问："那为什么柠檬、橙子、橘子的气味这么相近呢？"

大家一愣，随后你看看我，我看看你，一时不知该怎么回答。这时，专家老师发话了："它们的气味里有相同的成分，所以闻起来都差不多，但是不同的品种中，这些成分的含量又不一样，所以就会产生细微的气味差别。大家可以去验证一下是否是这样的。"

同学们立刻跑到了教室中的电脑前，熟练地打开电脑搜索起来。同学们的学习能力和求知欲远超我们的想象。原来橙子、橘子、柠檬的气味中，有20多种化学成分是相同的，比如柠檬烯；有细微的差别是因为每种化学成分所占的比例不一样。

小伢儿们一个个欢呼雀跃地举着棉签来到我面前，迫不及待地想让我闻一闻，猜一猜……

"看来小小的橘子里面也藏着很多值得探究的科学知识啊！"我忍不住感慨道，并建议让这几位同学做小老师，在班级中继续开展"闻香识橘"的活动。

"保证完成任务！"新新兴高采烈地回答。这家伙，以往提起作业他就说头疼，但是今天却来了劲，看来这种能够亲身体验的学习活动是他的最爱啊！

特殊的"奖状"

从教这么多年，获得过很多教育局和学校颁发的奖状，唯有这一份奖状让我倍加珍惜——它静静地躺在办公室抽屉的角落里，看上去毫不起眼，没有盖单位的章，没有烫金的花纹，字体虽然端正却充满稚气，细看还会发现几个错别字……

事情还得从去年9月说起，我还清楚地记得那是一个阳光明媚的日子。课间，成成跑上讲台，一言不发地把一个小纸袋递给我。我疑惑地打开，只见里面是一张A4大小的黄色软纸，还有一张会变色的明信片。我定睛一瞧，不禁哑然失笑：这张"奖状"上只有寥寥几个字，表彰我荣获了"自律小明星"的奖项。

我被成成"萌"到了。这是一个很有韧劲的孩子，这学期一直在努力积累能量币，随着能量币的增多，他被推选为班级"自律小明星"，这张小小的、红红的奖状点亮了他内心的能量火源，被他视作珍宝。今天他给我也颁发了同样的奖状，大概是因为感谢我对他热情洋溢的鼓励吧。

转眼到了教师节，那一天，除了"节日快乐"的声声祝福之外，每个老师进班上课的第一件事情，就是从班级的抽奖箱里抽出"礼物"——一份小小的能量卡片。每张卡片上都是一个小伢儿精心准备的教师节礼物，有"按摩卡""陪餐券""拥抱卡"……每个班级的孩子们都把老师宠上了天。当我把手伸进抽奖箱时，一双双晶晶亮的小眼睛就这么盯着我，似乎是屏着呼吸在等待结果。当我抽出卡片时，孩子们轰地一下拥上来："呀，是成成的按摩券！"真是无巧不成书，十天前，我收到了他的"奖状"，十天后，我抽到了他的按摩券。当我看向他时，他有点害羞地低下了头。我仔细看了看那张按摩券，上面画了一个青春时尚的我，并用粗体字写着：祝小文老师教师节快乐，旁边用空心字描着"按摩券"三个字。很明显，他就是专门送给我的。多么让人喜爱的卡片啊，至今我仍然没有舍得启动这张按摩券，它静静地躺在我的抽屉里，见证我的"荣耀时刻"。

自从那天后，同学们似乎突然明白了一件事儿，发奖状不是老师的专利，学生也可以给老师发奖状啊。后面我又陆陆续续收到了类似的一些奖状，新小伢用这样的方式传递着师生之间不用言说的信任与暖意。

　　如果说前面的温馨版奖状是一张张成绩单的话，那我无疑是"教"霸；但转变总在不经意之间来临，接下来的警示版奖状，好像是一声惊雷，让我瞬间清醒了过来……

　　时间在明快的节奏中滑到了月底，紧张的期末复习阶段班级里周而复始地讲课、练习，日日如此。有一天，我还没有走进教室，已经听到了班里的哄堂大笑。发生了什么事？当我出现在门口时，大家就拥上来，其中一个小女孩扬着一张小纸片，大声地说："小文老师，这是腾腾给你的奖状，哈哈哈！"我像往常一样接过了这张小小的奖状，内心还带有一点小激动。这明显是经过精心设计的小"奖状"，上面还有个人的印章，用楷体工工整整地写着："恭喜您荣获作业量特等奖，特发此状，以资鼓励"。什么，这是假借奖状在批评我呢？我有点吃惊，当我看向腾腾时，他正悠然地坐在座位上看书，一副"理所当然"的样子。

　　当我怀揣着似有千斤重的奖状回到办公室时，情绪也渐渐归于理性，我的额头冒出一层隐隐的冷汗。每个学期，老师都接受着"控制作业量"的培训，但真正身处复习阶段时，却又觉得作业多点儿是理所当然的。腾腾在我们班是学霸，是一个能融会贯通、举一反三的小伢儿。对于他来说，不需要有这么多的作业来支撑优秀的学业，但复习阶段为了便于操作，全班的作业都"一刀切"。回想起当时，他的确状态不佳，虽然成绩仍然保持前列，却没有其他孩子的冲劲儿。当时我只觉得他不够努力，却不知晓他的想法，他也不和我说，最后用发"奖状"的方式来抒发他的不满。平时，我们分层作业，分层教学喊得头头是道，但在具体实施时却又老方一帖。

哎，这孩子……我心里五味杂陈。

正在这时，校长走进我们办公室笑着说，今天有个小男孩到她那儿告状，说作业量太大了。当校长问起是哪位老师时，小男孩犹豫了，回答了三个字——"那算了"，转身跑开了。

我听着校长开玩笑，心里直冒冷汗，哎哟，这是他给我留的一条"活路"吗？哼，真是狡猾的家伙。

就这样，我怀揣着这个特殊的奖状，开始重新审视我的教学方法、工作理念，第一次学会了小心翼翼，也第一次考虑到了因人而异，就这样"平安无事"，我再也没有收到过这样"滚烫"的奖状。

转眼一个学期结束了，新的学期又开始了。开学初，我在班级门口叫住了那个"学霸"："腾腾，这学期你会再给我颁奖吗？"他愣了一下，转而开心地说："好啊！"我看着他的背影，暗下决心，这学期可不能让你抓到"把柄"啦！扪心自问，我接受过学科专家对我的课堂评价，接受过上级领导的质量评估，却从未接受过一个孩子对我的教学进行这么正式而特殊的反馈。他一针见血地戳穿了我光鲜的外表，让我有点不甘心，也有点汗颜。所以当新学期开始再见到他的时候，我忽然有一种强烈的动力，这学期怎么也得从他手中赚几张有正能量的奖状！

是的，我突然很期待同学们颁发的一张张真实的奖状，这种期待甚至超越了学校发给我的任何一张奖状。我曾经跟学生一起学习那篇课文《"精彩极了"和"糟糕透了"》，我曾教孩子们应该努力平衡好从不同方向吹来的风。而此刻，这一份特殊的奖状也是在警醒我，谨慎驾驶好育人的小船，不辜负孩子们真诚的信任，不辜负孩子们坦诚的童心……

土味音乐会

"一闪一闪亮晶晶，满天都是小星星，挂在天空放光明，好像千万小眼睛。"随着零星乐声的响起，校门口的空地上渐渐围拢了不少同学，大家都不约而同地开始驻足欣赏，议论声渐起：

"快看，他们表演的乐器真特别，好像是自己做的呢！"

"那个鼓是水桶做的，还有敲击用的锣是个锅盖吧！"

"这边的酒瓶编钟真有意思，回家我也想去试试。"

"你看，这个组演奏的竟然是《卡路里》，太厉害了吧！"

今天是我们班"音乐会"正式巡演的日子。要说这场音乐会是怎么诞生的，那还得从一节科学课说起呢。

同学们一直很喜欢上科学课，但是对"声音"这一个单元却怎么也爱不起来。这也难怪，其中的乐理知识堪比"天书"，让人难以理解。

能不能换一种方法来促进同学们对声音知识的理解呢？比如改知识背诵为动手实践，开展器乐制作。因为在制作过程中，乐理知识就能自然地融入其中。但是制作乐器，伢儿们会不会觉得这是一项不可能的任务，难以实现呢？

第二天课上围绕这个话题，我和大家进行了头脑风暴。没想到孩子们对于这项"不可能完成的任务"表现出极大的热情，大家一致认为利用生活中的材料制作小乐器，好玩得很呢，值得尝试。于是伢儿们七嘴八舌，最终决定以小队的形式开展活动，编曲——排练——展示。

接下来，我就带领孩子们一起讨论要达到什么样的效果，用怎样的形式来展现……经过认真的思考和酝酿，一张张设计图初具雏形。从设计图上看，孩子们充分考虑到了自制乐器与真实乐器之间的联系、材料选择的可行性、音阶的调试方法等，有的小队还对展示方式进行了大胆的设想。

"小文老师，我们对自制乐器已经有了初步的想法，我们想做一个至少有七个音符的乐器。"

"小文老师，本来我们打算用水杯做一个简单的敲击乐器，但是我们小队讨论后觉得弦乐器更有挑战性，所以我们决定换成弦乐器了。"

"小文老师，我们现在的想法是用自己做的乐器进行演奏，不过不确定能不能完成。"

听着大家积极的发言和大胆的想法，我觉得应该给予他们更大的展示舞台。于是，我决定给伢儿们举办一场"土味音乐会"，时间就定在国庆节后的第一天。得到这个好消息的同学们干劲更足了，忙得热火朝天，期间的讨论与交流也是欢乐无比：

"我们小组选酒瓶做乐器，但是我们家里没有这么多空酒瓶，我就把老爸的啤酒都倒了出来。"

"我设计了一个架子鼓，但是材料有点犯愁，后来我妈妈给我找了个脸盆，我试了试，感觉有点意思，就是音不好调。"

"我爷爷原来是木工，听说我们有这个活动，还特地给我做了一把木吉他。"

"我们这个音乐会可以搞门票预售，邀请爸爸妈妈一起来参加！"

显然，制作乐器的过程已经变成了全家总动员，也成为同学们那一段时间中的热点话题。时间一天天过去，为了能够呈现出最好的效果，伢儿们利用课余时间和假期进行了一遍又一遍的制作与改进，班级群中上传的照片和视频一次比一次精彩。每一天，都有孩子拿着不同的"乐器"到校进行切磋。

"我敲一下，你听听看，能听出是什么音吗？"

"我觉得你这根弦的音不准，偏低了，应该是弦太粗了，得换一根稍微细一点的。"

"快看我这个，我这次这个跟你们的不一样，我是用吹的，是不是很神奇？"

"给你们看看我们组的成品，基本上音已经确定了，就剩最后的美化了。"

盼望着，盼望着，终于到了"音乐会"展示日。大家早早就来到学校，站到提前放置好的乐器前，开始逐一演奏排练了无数遍的曲目。虽然演奏的曲目并不复杂，但却是小伢儿们一点一滴，一步一个脚印完成的。在此之前，谁能相信这些简单的瓶子、木头、油漆桶竟然能演奏乐曲？但这就是实践操作的神奇之处，通过动手制作，新小伢不再是死背知识，而是灵活运用知识，所以在制作乐器的过程中，那些关于声音的难点早就不再是难点，而是制作乐器的方法，甚至是独门秘诀了。

"叮叮咚、叮叮咚、铃儿响叮咚！"小伢儿们敲着啤酒罐子、打着洗脸盆子，还有一大波充满奇思异想的竹筒、玻璃管、彩丝线……这一场"土味音乐会"受到了全校同学们的欢迎，每一天总有同学驻足欣赏，后来浙江省第三届自然嘉年华主办方还邀请我们去自然音乐会中进行展示演出，同学们又有了更大的展示舞台。

现在，这个别具特色的"土味音乐会"已经开了一场又一场。作为校园"香香季"活动的固定展示节目，每一季都有不一样的乐器闪亮登场，也有令人惊艳的表演让人久久伫立……

丰收节

金秋 10 月，新小伢沉浸在丰收的喜悦中。操场两侧的柚子沉甸甸地挂在枝头，金桂的落花让整个校园都弥漫着一股甜甜的味道，而菜地里一垄垄的青菜、萝卜、番茄似乎在争先恐后地吆喝着同学们赶紧把它们带回家……

"我们来办个丰收节——买卖果实，怎么样？"不知是哪个机灵鬼，忽然对着一地的果实突发奇想。每年里，喜欢买买买的妈妈们都被淘宝的"双十一"活动绕昏了头，满减、预售、尾款……各种优惠券的叠加比解数学题还难，同学们大概也想赶时髦，玩一把属于他们自己的"双十一"。

"怎么让果实流通起来呢？货币又怎样进行兑换呢？"机灵鬼的主意虽好，但是实施起来可有难度。我这一提问，就像一石激起千层浪，更多的同学参与进来，七嘴八舌的声音好像非得办出一场盛大隆重的丰收节不可：

"我们每一个班级都有自己的一块责任田，商品就是我们种的菜和果子。"星星是我们班级的智多星，人小鬼大，一下子就想出了好主意。

一直在认真思考的文文听了星星的发言坐不住了，兴奋得眼睛都在发光，抢着说道："能量币就是货币，可以用它来实现买卖啊！"

"没错没错，我们都攒了很多能量币，刚好拿来花！"

"办吧，办吧！"

"发动全校同学，搞起来！"

……

就这样，在新小伢们的强烈呼吁下，独属他们自己的特色丰收节拉开了序幕。有的同学参照"双十一"设计了预售、付定金等活动，还有的同学提议可以提供送货上门服务……活动的元素在同学们的讨论中不断地丰富且有趣起来了。于是，为期两周的"校园能量'11·11'，蔬果采摘传真情"的活动开始啦！

为了让"双十一"更逼真，所有的"果实"都先进行"预售预定"。大队委员们在工作筹备会后，分五组开始预购活动。买家先付能量币定金，并在预售单上填好信息，对于要求送货上门的特殊买家，"商家"竟然也是有求必应，紧紧抓住了"商机"，增加了"跑腿费"，保障了"销售率"。火热的预售订购现场，让校园沸腾了。同学们捏着能量币，伸长脖子，着急地数着前面的人数，看看自己还能不能踏上预售的末班车。

"号外号外，最后三个名额！"星星的大嗓门制造着现场的"紧张气氛"，使得现场一度非常拥挤。

"好消息，买蔬菜的小伙伴，我们赠送现场采摘的机会，体验摘菜的乐趣！"文文灵机一动，带动了一大波同学排到了蔬菜预购的行列。

"柚子可以一瓣一瓣卖，薄利多销！"

"桂花香袋还有没有要买的？只剩下最后十个啦！"

……

大家八仙过海、各显神通。没过半小时，所有班级的所有果实都被预售一空，场面空前火爆。

盼星星盼月亮，终于等到了 11 月 11 日中午，大家迫不及待地去购买自己喜欢的果实。菜园换购摊前已经排起了长长的队伍，不停地有人往这儿赶来，队伍还在不断壮大。有的是来取菜付尾款的，有的是来排队抢采摘名额的，有的则着急地问什么时候能送货上门。

"工作人员"们可忙坏啦！有的在分拣包装刚采摘的蔬菜，有的正有条不紊地核对送货名单，有的捧着菜筐准备到各班送菜去，还有的忙不迭地招呼客人：

"自家菜园的菜，绿色环保，买到就是赚到……"

"一共有 16 份外卖单,这是收货单,请仔细核对。"

"请检查你的蔬菜,没问题的话再付尾款五个能量币,在外卖单这里签字。"

看着大家一个个正儿八经的样子,还真像那么一回事儿。再看每个班级的那个摊位,有广告,有价目,还有使劲吆喝的"店小二",真像是一个热闹非凡的大集市。买好了心仪的礼物,这些丰收节的果实,最后又去向哪里了呢?故事还在继续:

一年级的乐乐小心翼翼地爬上梯子,亲自挑选并摘下一个大柚子。她抱着大柚子一蹦一跳地,偷偷地把它送给了最喜爱的数学老师。

四年级的悠悠买了一棵菜舍不得吃,竟然又把它种在了阳台的花盆里。

六年级的美美把新鲜的番茄做成了一道美味的番茄炒蛋,赢得了全家的一致称赞,爸爸还回味无穷地说:"这是世界上最美的味道,没有之一……"

探究无患子之旅

在操场一角，有这么一棵树，它的果子圆圆的、黄黄的，一串串地结在枝头，掉落下来，滚得满地都是。小朋友手脏了，捡起它，一挤，一搓，满手的泡沫，用水冲干净，手就变得干干净净了。

猜一猜这是什么？没错，这就是无患子。

最近老师们开发了一节有趣的课，叫做"无患子寻宝之旅"。与之前的数学课相比，这一节课还有一个特别的地方："闲着"的老师＋"忙碌"的学生。老师说的少，学生做的多。

是不是很奇怪？别着急，听我娓娓道来。

"今天我们的数学课，要请大家先看一篇资料，请你来说一说，从资料里你有什么发现？"

"啊？这数学课怎么跟语文课一样了？"一个伢儿脱口而出，边说边看起来。

"什么呀！这分明是科学课。"另一个孩子接上。

"原来这个果实叫肥皂果啊？怪不得我在路上不小心踩了一脚，挤出很多泡沫！"

"它的名字叫无患子。"

"我好像在学校里看到过，但我不记得具体的位置了！"

……

我仅仅发了一份资料，伢儿们已经围绕内容开始讨论了，但我却没有打断他们的意思，因为讨论得越剧烈，大家就越想知道学校哪里有这种树。

等大家讨论得差不多了，我神秘地说："悄悄告诉你们，在我们的学校也有一棵无患子，但是整个学校只有这么一棵，就在操场的东南角，今天我们要用所学的位置与方向的知识来找到它。如何用位置和方向来描述校园中的无患子？"

"太棒了！我好想知道它在哪里。我们快出发吧！"

"对呀，对呀！"一群人起立准备出门。

我急忙拦住他们，大声喊道："等一下，你们不需要材料吗？空手就可以吗？"

"不行！大家等一下，我们用什么确定方位啊？"

"用什么来测量距离呢？"

"用脚量啊！"

"这样就不准确了。"

说着说着，大家都停下了脚步，慢慢地坐下来，仿佛在思考着什么。

"大家想一想，为了找到它，我们需要哪些材料，还要解决哪些问题呢？请大家静下心来，想一想，把想到的都写在纸上，我们再一起来解决。"

我走到小组间，俯下身子，倾听着他们的讨论。

"方位的话，我们要用到指南针吧！"

"位置是要根据起点来描述的，我们还需要知道起点在哪里？"

"位置还要用到距离来表示，操场这么大，我们的塑料尺根本不够吧！"

"我觉得我们还是要小组合作，分工进行。"

"那么，我们可以用怎样的方式呈现呢？"

"画地图，做好标注。"

"还要注意比例关系。"

……渐渐地，学习材料、成果形式在不断的讨论中完善、形成了。伢儿们迫不及待了，恨不得马上开始一场说走就走的寻宝之旅。在我的提醒下，大家制订好了计划书、领取了指南针和卷尺，终于出发了。

大家一起来到了校门口，我告诉大家，我们今天的起点是校门口，需要从校门口出发，测量无患子的方位和距校门口的距离。"现在大家开始吧！"

新小伢有时围坐在一起，讨论着什么；有时像一阵风跑过去，比划着什么；有时传出一阵阵欢笑；有时发出一阵阵牢骚……完全沉浸在学习之中，学习就这样自然地发生了。

"你这样可不对哦！"我一边拿起卷尺把"0"刻度按在起点上，一边对他说，"虽然是卷尺，但跟我们使用直尺是一样的。"

"怪不得感觉怪怪的，老是测量不准。"

"小文老师，你也来帮帮我们呗，这个指南针怎么用啊？老是动来动去的？"

"先水平放置，再找准东面，才可以确定方位哦！"

"你怎么一个人啊？"

"他们都不要我，说我这不会、那不会。"

"那你是不是这不会，还是那不会呢？"

"有些是的，有些我还是会的。"

"你看，你们组现在需要一个人去拉一下卷尺，你可以主动一点嘛，去吧！"我指着正在测量距离的组员，推了推他。很快，他就加入小组一起干起来了。

我就像敏锐的观察员，关注着每个学生的学习状态和每个小组学习任务的完成情况，还要跟进各个小队的开展情况，对现场的突发状况进行"救援"。

很快，伢儿都找到了无患子。最后，我们围坐在无患子的周围，我请同学们说一说，通过这次学习，大家有什么收获，同学们你一言我一语地说起来。

"我知道了指南针的使用方法。"

"我会用卷尺测量距离啦！"

"我会采用合适的比例，进行地图的绘制。"

"我终于学会辨认方向了。"

"原来数学知识这么有用。"

"小文老师，你真是这个世界上最伟大的老师！"

"是呀，是呀，我们都会用知识来解决问题了。"

大家都开心地笑了，很多伢儿说："我实在太喜欢这个课了！"有的还建议我再多上上这样的课。

过了几天，一群孩子来找我，"小文老师，我们什么时候再去教室外上课啊？这次我们在校园中找一找圆形、正方形，还可以测量树高，测量树的粗细可以吗？"

"哇，你们想到这么多，真棒！好的，后面我们再来一场寻宝之旅！"

在这里，一草一木都有故事，每一次与大自然近距离亲近的过程，都会有新的发现；而这个新发现，让孩子们对每一个角落都产生家的熟悉感与亲近感，所有的一切仿佛都有了生命，无比可爱起来……

隔空对话康定斯基

"康定斯基作品的特点是音乐与绘画的融合。"

"我也觉得康定斯基的作品内在实质和外在表现上都有音乐的影子。"

"而且我觉得康定斯基的画作整体看起来很有节奏感，比如《红黄蓝》。"

……

今天的美术课，新小伢隔空对话康定斯基。大家你争我抢地想要发表自己的意见，每个小组都表现得很投入，发言还挺专业。

"同学们说得太好了。康定斯基的作品注重对色彩的把控，通过对色彩的冷暖、明暗、强弱的把控来表现他对世界万物浓烈的情感。而且康定斯基的作品常常是以构图或者即兴作画为主题的。"我适时地补充了一些信息，以加深大家的理解。

"怪不得康定斯基的画里有许多跳跃的线条和图形看上去和音符非常像，原来这就是大师作品的特点啊！"大家不由自主地发出了感慨。

看到大家对康定斯基的作品这么感兴趣，我忽然产生了一个想法：让同学们体验一下，做做"小康定斯基"，与他来一次隔空对话。这个富有挑战性的任务得到了全班同学的一致欢迎，同学们都跃跃欲试，想要尝试一下。

"我们画在哪里呢？"这个问题又引发了一阵新的讨论。

"我们可以画在教室的墙壁上。"

"走廊的墙壁上，怎么样？"

"康定斯基这种大师的作品，应该放在显眼的地方。"

"我想到了，就放校门口，谁都可以看得见。"

"赞成。"

"赞成！"

看着同学们期待的眼神，我不忍拒绝。进一步跟小伢儿们分析了学校的具体情况，以确定这件事的可行性，"校门口非常显眼，这是优势。但是那里空间狭小，墙上已经有了一张世界地图，我们如果要画的话，可以画在管子上，然后把管子放在世界地图的前面，形成一个整体。但是在管子上画画要求很高，你们真的要这样做吗？"

孩子们一致表示，一定要试试。看到孩子们不怕困难，我也被感动了，进一步提醒道："因为是室外环境，为预防下雨冲刷使颜料褪色，这次的绘画材料不同于以往的颜料，我们选用的是丙烯颜料。同时，建议借助小组的形式开展，这样大家可以发挥各自的优势。"

"好！"

伢儿们立刻开始行动。因为圆形的 PVC 管表面光滑，用笔时很难着力，也很难衔接起来，有时拿着画笔想要画一段线条，画了好久却还歪歪扭扭像一只蚯蚓；有时好不容易画好了图案的形状，想要涂色，却发现颜色怎么也涂不均匀；有时虽然咬着牙画完了整根管子，但是形状和色彩看上去都非常粗糙，没有美感……困难比小伢儿们预想的要多、要棘手。

看着大家垂头丧气的样子，我赶紧鼓励他们："画不好是正常的，因为材料的特殊性，我们需要慢慢地适应，大家也可以发挥自己的想象，在大师的作品上添加自己的想法，线条和色彩不同并不影响你的画面。"

为了增强同学们的信心，我和美术组的老师，也一起参与了作画，分工合作：孩子们颜色涂不均匀的地方，就手把手地帮助他们一起填色；线条歪歪扭扭，我就带领小伢儿们一起修补，一边画一边告诉他们怎样用笔可以让线条的边沿变得平整。其中有个小组里的同学的基础比较弱，柱子上只有几根简单的线条，不是画错，就是把颜料弄得到处都是，孩子们纷纷跑到我身边来寻求帮助。面对这样的情况，我立即改变策略，把原有图稿上的图案分割成小部分并将图案简单化，鼓励每个同学只需要画出小且简单的图形，线条、形状、颜色也不需要一模一样，并和他们一起动手修改。

有了老师的帮助，小伢儿们也重整旗鼓，有了信心。大家迅速静下心来，更加投入地画起来。

慢慢地，柱子上轮廓鲜明的画面呈现在大家的眼前，点、线、面的视觉冲击，让同学们都不敢相信这是自己创作的作品，线与线之间的缠绕，点与点之间的呼应，图案与图案之间的重叠，构成了立体生动的画面。黄色、红色、橙色……跳跃的色彩仿佛欢快地流淌着的乐曲，将康定斯基的绘画风格表现得淋漓尽致。孩子们将灵动的点和多变的线条统一在各种块面里，画面活泼了，丰富了。这些作品虽然没有大师娴熟的技法和对作品深层的理解，但是却充满艺术感与跳跃性，也足以让人感到震撼！

获得赞扬的同学们决定继续挑战。他们看到走廊上还有大片的空白墙面就放出豪言：这面墙，也属于康定斯基！

但是新的问题也接踵而来："这么高的墙面，我们怎么才能画完整啊？"

"颜料那么快就干了怎么解决？"

"调出来的颜色不一样怎么办呢？"

......

　　大家提出问题，也不断自己想办法解决。在慢慢地摸索与尝试中，刚开始一些零碎的图形、幼稚的笔法，渐渐地有了质的飞跃，点、线、面更加和谐，颜色中的纯度、明度也趋于统一。画面中主要色彩是三原色——红色、黄色和蓝色，各种几何图形相互交错、重叠，线条的粗细、方向被孩子们精心地安排着，整个画面丰富的节奏感和层次感慢慢表现了出来。小伢儿们通过图形和色彩来表现艺术家的精神追求，形成天真烂漫的童趣画面。小康定斯基，一个个都不含糊！

　　假如你有机会来我们校园，在大门口你会发现一片色彩斑斓的"树林"，在二楼走廊的墙壁上会被巨幅的涂鸦震撼……没错，这是新小伢一天一天、一笔一笔，历时三个月才完成的大作！

秘密基地

　　校园里，有一块用大铁架子、白纱网围起来的区域，时不时能看到伢儿们笑盈盈地拿着小铲子、园艺剪、手套等工具往里走，出来时额头上总是挂满汗珠，小脸蛋红扑扑的，一脸的满足。难道这是什么了不起的秘密基地吗？

　　这就说来话长了……

　　"秘密基地"的由来要追溯到一节科学课——"蚕中钻出了蚕蛾"，星星忽然一脸疑惑地问道："小文老师，那蝴蝶也和蚕一样吗？它的一生也会经历这么复杂的变化吗？"

　　听到星星提到蝴蝶，其他孩子的话匣子都像被打开了似的——

　　"老师，是什么让蝴蝶这么漂亮的呀？"

　　"蝴蝶的身体真的是头、胸、腹三部分吗？"

　　"蝴蝶和蚕蛾到底有哪里不同呢？它们长得挺像的，总是分不太清。"

"蝴蝶是吃什么的呀？"

"世界上有多少种不同类型的蝴蝶呢？"

……

课堂的气氛瞬间被推向高潮。原来，当谈到自己感兴趣的内容时，他们是那么兴奋，眼里的光是那么亮。别说同学们，我自己长这么大也都没有和蝴蝶亲密接触的机会，对蝴蝶同样有着满满的好奇。一个想法涌上心头，"要不我们把蝴蝶请进校园？"同学们听到我的提议激动地拍手叫好，平时调皮捣蛋的星星怕我反悔，连忙问："小文老师，您说的是真的吗？真的可以把蝴蝶请到学校里来吗？您说话算话？"

我说："小文老师当然说话算话，如果你能好好表现，老师还能帮你和蝴蝶交个朋友呢！"

星星听完斩钉截铁地说："我一定好好表现！"

课后，回到办公室，想着都答应孩子们了，要是食言可不行，于是马上求助了校长。校长很支持我的想法，"可以在校园建一个蝴蝶坊，不仅把蝴蝶请进校园，还要让它们能够在校园常驻，同时可以把拓展课和蝴蝶结合起来，让蝴蝶坊能充分地得到利用。蝴蝶坊的选址、坊里需要哪些东西等问题需要孩子们和你一起去解决哦。"

校长的这番话让我底气十足。我马上去和孩子们分享这个好消息："校长妈妈同意让蝴蝶住进我们的校园啦！但让蝴蝶住进来需要我们先准备好它们的家哦，你们有信心吗？"

"有！"同学们不约而同地说，每个人都跃跃欲试。

在之后的一段时间里，新小伢和我一直在为我们的蝴蝶基地努力。

同学们通过问家长、查资料的方式了解到适合生活在我们杭州的蝴蝶品种以及它们喜欢的环境，一起在校园中寻找合适的"风水宝地"。绕着校园仔仔细细转了两圈，有孩子说道："老师，我们发现了一个好地方！那里白天阳光不会特别刺眼，下雨天旁边的墙可以挡掉一些风和雨，比较适合我们的蝴蝶安家。"其他小伙伴也一致同意。

定好了蝴蝶坊的地址，便要一起完成基地的装修了。来到基地后，只见大家迅速地分好组，动作麻利，分工清晰，有的帮忙搬铁架子，有的帮忙扶梯子，还有的帮着一起用纱网把铁架子围起来。在保安叔叔和小伢儿们的共同努力下，蝴蝶坊的"硬装"很快就完成了。大家都激动得不得了，感觉已经看到了胜利的曙光。

"硬装"搞定便是"软装"了，现在我们得好好想想，蝴蝶坊还要点缀些什么？大家头脑风暴，七嘴八舌地说着——

"蝴蝶都喜欢吃花蜜，我们得种点蝴蝶喜欢的花进来。"

"要种花，这个土不太行，我看爷爷种菜前都会先翻一下土的。"

"得铺条小路，不然我们都不能走进来看蝴蝶了。"

"要接根管子过来方便给花浇水。"

"我见过我家旁边公园里的装置，只要一开总水源，每株花就都能浇到水了，我们也可以设计一个。"

……

把所有的想法按照顺序简单罗列，我不禁感叹，原来同学们凭借自己的能力也能很细致、周全地解决问题。之后，我们团结协作——拔草、翻土、施肥，将植株移栽入基地里，铺了一条小路，设计并安装了一个滴灌系统……

"蝴蝶的家终于建好啦！我们终于可以把蝴蝶请进学校啦！"同学们手舞足蹈地说。

蝴蝶跋山涉水终于空运到学校和孩子们见面了，小伙伴们亲手将它们送入新家——看起来像只反盖着的大碗。在与蝴蝶零距离接触之前，学校特意请来了专家给孩子们讲解"如何正确放飞蝴蝶"，听到错误的放飞方式可能会伤害到蝴蝶，大家一个个都听得很投入，当然，我也是，毕竟都是第一次。其实我是沾了小伢儿们的光，跟着他们在学习呢！

前期这么多的准备工作似乎都是为了这一刻，心中反复回放着专家说的步骤——拿起一个装有蝴蝶的三角包，用正确的方式打开，用拇指和食指轻轻夹住蝴蝶的翅膀，把蝴蝶从三角包里拿出来，观察蝴蝶。

"我的蝴蝶飞起来了！"

"我成功放飞了蝴蝶！"

"我的蝴蝶是吃货，已经去吃花蜜了！"

……秘密基地成了小伢儿们的天堂。就连几个平日里听到周记就头疼的孩子都说道："今天真是太特别了！我要把我的蝴蝶写到周记里去！"

秘密基地过于热闹，吸引来了很多别的年级的小伢儿。

"哇！里面有好多蝴蝶！我们可以进去看看吗？"

"当然，但是不能抓蝴蝶哦。"小主人们热情好客。

秘密基地因为有了蝴蝶的到来变得生机勃勃，小伢儿们也不是三分钟热度，小组长们贴心地安排了基地每天的志愿者以及需要完成的工作——每天开十五分钟水源，拔一拔杂草，看看植株的健康状况。有了新小伢的守护，蝴蝶健康快乐地住在我们的校园里，持续了一生又一生。

现在你知道了吧，其实秘密基地就是一个蝴蝶坊，这是同学们最爱的一个地方。一年四季，秘密基地里的故事还在继续……

明星卡

初春，我们一起种黄瓜，看着第一片叶萌出新芽，欢呼雀跃；

盛夏，我们一起搭帐篷，在学校度过平生的第一个不眠之夜，哪怕挨骂也要狂欢；

深秋，最难忘的是校园下起了银杏雨，我们一起把它铺展成一个大大的爱心；

暖冬，"拇指姑娘"走进了我们教室，每一个人都化身为书中的一个角色，有了一次与众不同的游历……

我把一个个瞬间都记录下来，一个个孩子走进我的故事中，他们是这样可爱，而我是如此快乐。

此刻，我的手上有一沓厚厚的明星卡，每翻开一张，就好像走进了一个小伢儿的一段故事中……

这个安静的孩子一定不知道，自己在课堂上投入做实验的状态被听课的我拍了下来。这普通的画面，在我眼中竟然那么美好，那么闪亮。文文，这是一个特殊的孩子，妈妈常年在外地，平时只有奶奶照顾她和姐姐的生活，学习上的事情全靠自己。她安静内向，从不会主动发言、主动交流，任何时候看到她，眼神总是怯怯的、回避的。那一天的科学课上，我在后面听课，当孩子们合作做实验的时候，我的相机扫到了她和她的同桌，突然发现，此刻她甜甜的微笑真好看，尤其是全神贯注的眼神更让人觉得闪闪发亮。我的心突然就被打动了，赶紧记录下这个美好的时刻。

我把这张照片配了一段文字，作为一个礼物送给她。在给她的这篇手记中，我毫不吝啬自己对她的喜爱：宝贝，我太喜欢你此刻淡淡的微笑和清亮的眼神啦，因为我从中读到了专注、投入和自信。孩子，我还特别喜欢你和好朋友在一起的样子，那么开心快乐，我也想和你像这样聊天，你愿意吗？真的，你快乐自信的样子很美。咱们约定，语文课的时候，午休的时候，清完作业的时候……都记得要这样自信快乐地朝我微笑哦。

文字不长，但是我想告诉她，虽然妈妈不在身边，但不要害怕，老师和妈妈一样喜欢你开心的样子，老师想和妈妈一样，拉着你的手谈天说地……

文字，真的具有神奇的魔力，尤其是老师充满善意和爱的表达，孩子们不光接收得到，而且会不知不觉地朝着你期待的方向前行。渐渐地，这个孩子会在下课的时候安静地凑到我的身边了，一开始只是微笑着听其他同学和我的叽叽喳喳，后来就拿起我要发的本子帮我发掉，再后来，我拉着她的手，她也愿意跟我叽叽喳喳地交流想法了，虽然笑容依然腼腆，但分明没有了回避，没有了胆怯，只有满心满眼的亲近和放松。渐渐地，她写作业越来越自觉了，这个学期末，她的期末考出了"优""良""优"的好成绩！我分明没有给她补过一次课，甚至都没有给她提过什么要求，这是温暖与爱激发出的神奇力量，我真的很开心，也很幸福啊！

于是，我开始更有心地去看见，去发现，去寻找孩子们身上点点滴滴的美好。

我随时随刻地用手机记录下孩子们的瞬间，用放学后的时间静静地回顾，今天的美好属于谁呢？然后写下充满温情的语句，图文并茂，发在班级群里。小伢儿的爸爸妈妈们说，这已经是每天放学后最期待的事了，期待着美照美文，和孩子们一起品读，一起分享，一起收获。

那个最调皮，每个课间在地上摸爬滚打的小皮鬼，在某个午休，突然被我发现他追着数学老师订正作业，于是，赶紧追上去，拍一张，写下来；某个中午，小汤同学突然肚子痛了，我扶着她往校门走，忽然，手上的书包被谁接过去了，竟然是航航，一个被家里宠坏的小少爷。望着他的背影，我百感交集地拍下了照片，后来这张照片也感动了很多同学，校长特地把这张照片放在校门口的大屏上播放，下面配的文字是——温暖一刻。

这样的温暖一刻在航航的努力下，在全班同学的跟进下，变成了——温暖每一刻。最难忘的是，在年级拔河比赛赛场上，孩子们拼尽全力跟对手僵持——1秒，2秒，3秒……每一个眼神都是那么拼命的坚持，每一个身姿都是那么倾尽全力，每一声呐喊都是那么坚定无疑。这一刻就像最美的画面，留在我的故事里……

就这样，我炼出了一双"火眼金睛"，孩子们的点点滴滴——进步的、开怀的、惊喜的……都逃不过我的眼睛。我总是会及时地给予他们大大的拥抱，毫不吝啬的赞美，或是疾风般的提醒。更多的时候，孩子们自己都没有留意的细节，也被尽收眼底，留存在"明星卡"里。我更快乐地记录着，更努力地用美好的文字唤醒、激发、鼓舞成长，而我自己，也在这个过程中，收获了更多的美好、温暖和成就！

"即使只是一颗 / 小小的星星 / 但我也能 / 带给大家——光明与方向 / 亲爱的 / 看见你，记得你的点点滴滴 / 汇聚温暖，成就美好 / 在这里 / 感谢你的温暖传递……"

一天天、一年年，我攒下了厚厚的一摞"明星卡"，它带着满满的温情和爱走进一个个家庭，有个奶奶读了评语感动得竟然不敢相信："我家娃真的有这么好吗?"

"当然，孩子比我写的更加可爱。"

我的故事里有你，我把你放在心里，流在笔尖，我将这样坚持写下去……

冬之煦暖

"雪如花，花似雪。"
虽说冬天冷冽，但这里
却温暖如春、风景独好。
暖暖季，我们与美好相
遇，阅读一本好书、创
想一个场景。娓娓道来
的故事，讲的正是我们
自己。

立体书展——穿越"三国"

"咦，好大一艘船啊！"

"哇，他们班居然把船搬进教室啦！"

"快来看啊，草船借箭的故事搬到教室啦！"

"哦，他们班布置的场景是'三国演义'，穿越'三国'啦！"

"哇，这艘船原来是这样搭起来的，好有创意啊！"

在暖暖季经典名著立体书房的展览现场，走进我们班教室的同学、老师，都不由得发出了这样的赞叹。

一艘巨型草船横卧在教室中央，长约6米，宽约2米，高约2米。整艘船都是由稻草捆扎起来搭建而成，船身拱起，旌旗飘扬。船头船尾微微翘起，各有几位士兵（稻草人）持剑把守，神情严峻。身着古代士兵服的将士正搭着弓箭，目视远方。听着耳边传来的"东汉末年分三国，烽火连天不休"的歌声，我们仿佛已经穿越，置身于群雄逐鹿的"三国"之中了。

看到这一幕，我不由得想起了活动初期的讨论。那一天，我走进教室，向全班宣布："同学们，学校即将举行暖暖节。这次暖暖节的主题是诵读经典，我们班级要从中国四大名著里选择一本经典名著来布置一个立体书房。"

"立体书房？小文老师，什么是立体书房？"听了我的介绍，孩子们一脸蒙。

我耐心地解释："立体书房，就是把书中的情景搬进教室里，让人一眼就能看出来是哪本书，是哪个情节。大家可以讨论一下。"

"哦，原来是这样啊！"恍然大悟的孩子们开始热烈地讨论起来。

"红楼梦！"

"西游记！"

"选哪一本呢？选哪个故事呢？"

……讨论过后，大家陷入了沉思。

突然，我们班的智多星乐乐发话了："我们不是刚学过《草船借箭》吗？现在不是流行穿越小说吗！我们就定一个主题——穿越'三国'。在教室里布置一个草船借箭的场景吧！"

"对，大家一看到草船，肯定能猜到是《三国演义》里的《草船借箭》。"同学们积极响应。

"嗯，我们还可以弄几把弓箭来，让大家尝试一下射箭。"

班里的孩子一致同意。

就这样，我们班定下了立体书房的主题——草船借箭。

那天晚上，我还通知了家委会的几位家长在钉钉群里讨论布展的事宜。家长们都觉得孩子们的主意不错，现在关键问题是如何把这个场景在教室里再现。

"小文老师，这个草船能用模型吗？"有家长提议。

马上有家长否决："模型太小了吧。不够霸气！"

"这艘船大概要多大呢？"

"船是主角，放在教室里，总要五六米长吧。"

"哦，蒋村有实体船，可是那些小船搬进教室很麻烦，也不能拆卸拼装。"

一时间，讨论陷入了僵局。

这时，家委会会长曹妈妈拍板了："不能搬，我们就自己造船呗！稻草，铁丝，钢架，办法一定比困难多！"

就这样，家委会开始筹备各种物资。

12 月 30 日那天下午，家委会的家长们陆续到场。一大堆稻草，一捆铁丝，几个钢架，还有旌旗和弓箭。光有铁丝和钢架就能把船搭起来吗？我和小伢儿们面面相觑。曹妈妈神秘一笑："看我的！孩子们，把所有桌子都清空，把所有椅子都留下。"一声令下，小伢儿们一边小声议论着，一边开始搬动桌椅。

当教室里只剩下椅子时，曹妈妈开始动手给孩子们演示。

只见她拿起两把椅子，一正一反叠起来。接着指挥孩子们照着她的样子，把所有的椅子叠起来，围成一个两头尖尖的椭圆造型。

"小文老师，你看，这就是船身的主体构造了。现在，我们再把稻草绑上去，用铁丝固定牢。用钢架支撑起船身并固定好，草船就 OK 了！"

"原来如此，真是金点子啊！曹会长厉害！"家长和小伢儿们都不约而同地竖起了大拇指。接着，全班同学总动员，在家委会成员的指导下，一起整理稻草，一起捆绑稻草，一起捆扎稻草人。特别是裴爸爸，他是固定铁丝钢架的主力，虽然他的腰不太好，去年刚刚因腰椎间盘突出动过手术，但是为了布置好这个立体书房，他在船身里一直弓着身子，一会儿半蹲，一会儿站起来，有时还得钻进窄小的船舱里。

家委会和全班孩子齐心协力，终于成功地搭起了一艘巨型草船。用稻草人做士兵，插上旌旗，搭上弓箭——"草船借箭"惊艳亮相。有了草船这个大背景，还得有人物造型，才能凸显小说场景啊！于是，孩子们积极报名，几位男生当士兵，披上铠甲，手持弓箭。朱同学和苏同学扮演主角，一个周瑜；一个诸葛亮，身穿长袍，手执羽扇，盘腿而坐，一边喝酒一边商谈。小桌上摆的正是那份军令状。

12 月 31 日，读书游园会拉开序幕。所有走进我们班级教室的人都会在草船前驻足观赏，不少人竖起大拇指说："这个草船厉害，这个办法好，有创意！"在我们班解说员的带领下，同学们有的在看展出的书签，聚精会神地了解古典名著的魅力；有的手持弓箭，跃跃欲试；有的也跟着诸葛亮一起盘腿坐下，立下军令状。在激昂的乐曲声中，伢儿们跟随着我们的巨型草船一起穿越，感受传奇人物诸葛亮的智慧。

这次立体书房的设计，我们班大获成功，在全体家长和伢儿们的共同努力下，我们的立体书房"草船借箭"最终被评选为最佳创意奖。

一盘盘香引发的学习革命

11月的杭城，湿气重、暑气盛、蚊虫多，大部分学校都会在洗手间点上一盘盘香，这样既可以驱除蚊虫，又能净化空气，我们学校也不例外。

一次课间上洗手间，看到俩孩子正围着一盘盘香在议论。

"你看，盘香上这一圈圈的是同心圆吗？"

"你猜，这盘香有多长？"

"这盘香是什么做的，香味还挺好闻的。"

……

没想到学生对这小小的盘香这么好奇，我当时灵机一动，是不是可以把总复习中圆的知识和这盘香结合起来，开展一个项目化的学习呢？这样是否会比我滔滔不绝地讲授，更能让学生感兴趣呢？我决定尝试一下。

于是，我拿着盘香走进教室而且故意把它举得高高的。同学们看到盘香瞪大眼睛，一脸蒙，几个胆大的男生嫌弃地问："老师，你怎么把洗手间的盘香拿来了？"我笑着回答："上复习课呀。"话音一落，教室里顿时"炸锅"了，大家交头接耳地窃窃私语："盘香怎么能上数学课？""小文老师还真是想一出是一出？"……我清了清嗓子，故作淡定地说"孩子们，你们没听错，今天我们就来研究这盘香，思考下你想研究关于盘香的哪些问题？"起初教室里安静了几秒钟，慢慢地有人开始发声，再后来大家七嘴八舌，你一言我一语地议论开了。有的说想知道盘香是什么做的？有什么功能？有的想知道盘香为什么叫盘香？为什么要做成螺旋状的？……大家像开了闸似的，停都停不下来。

"看来大家对盘香的成分、功能之类比较感兴趣，你们再深入思考下，这盘香和我们的数学有什么关系？"我再次引导："我们可以用数学知识来解决有关盘香的哪些问题？""哦……我想知道盘香有多重？"第一个学生恍然大悟地说。"我很好奇这盘香有多长？""这盘香能烧多久？""一个夏天我们学校需要用多少盘香？"……"这样吧，把你最想解决的问题写下来，然后我们进行统计。"每个组都进行了认真的思考，慎重地写下想要研究的问题。最后我们一起进行了统计，列出了最想研究的问题。

看着同学们汇总的问题，我心里也有了底，盘香和数学已经神奇地联系在了一起："根据统计结果，这节课我们就一起研究大家最想知道的'一盘盘香大约能烧多久？'请你思考下，我们该如何解决这个问题？"有学生反应很快，一盘盘香能烧多久，就让它烧呗。立马有学生站起来反驳："你又不知道能烧多久，等我们下课了它还没烧完怎么办呢？"又有学生补充："没错，根据生活经验，一盘盘香差不多能烧一整天，等它烧完，太费时，不现实。"看着同学们谁也说服不了谁的样子，我继续煽风点火："那在这节课内，该如何解决这个问题呢？请每个组自己设计解决方案，在研究过程中如果遇到困难，可以去查阅老师为你们准备的资料包，也可以举手示意。"于是，每个组开始讨论，设计解决方案。有的组根据重量来解决，有的组根据长度来解决。根据重量解决的组没问题，根据长度解决的组遇到了麻烦，就是如何求这个盘香的总长度？有的组用"化曲为直"的方法。对于这个方法，反对的组认为这个方法太麻烦，而且没有思维含量，体现不出六年级的水平。他们认为可以用等差数列求和的方法来求，但是又有组跳出来批判这个方法也不简单，建议用"中间圈长度×圈数"算出总长度。

　　看着课堂上组与组之间"争论"不休，我内心偷偷地乐开了花，便问"你们认为哪种方法最简单？第三种方法是怎么来的？"机智的学生马上领悟到说："其实（外圈长＋内圈长）÷2＝中间圈长度。"此刻，第二组学生一声叹息，还有部分学生一知半解。此时，我点开微课，再次进行解释。我们把盘香沿着半径切开，得到几条长短不一的线段。每条线段就是每一圈的长度，它们近似一个等差数列，中间这条线段就是这几条线段的平均数。因此，盘香总长度等于"中间圈长度 ×圈数"。

相较于方案设计时的激烈争论，后续方案的实施就平顺多了。每个组有序评价和学习他组的优点，优化本组的方案，并且实施优化后的方案，最后把项目成果呈现在了展板上。

这节课临近尾声时大家意犹未尽，纷纷感慨：

"这节课让我们知道实践中蕴藏真理，小小盘香中有大智慧！"

"我从这节课中知道生活中不起眼的现象中蕴含着数学问题。"

"这节课，我们组的合作与团结很赞，非常开心。"

"通过这节课，我们知道了在困难中要坚持、在难题中要团结合作，当我们一起探索出解决方法的时候，很有成就感。"

学生积极的发言，他们主动的探究，他们自发的评价，无疑证明这次的盘香革命是成功的，这次学习尝试是有效的。或许若干年之后，他们不曾记得我教过他们哪些具体知识，不曾记得图形面积公式，不记得数的概念，不记得质数表，记不清圆周率，但他们不会忘记曾经有一场有趣美好的学习革命！

辩论进行时……

不知不觉已经到了一年的尾声。

每年 12 月份，小伢儿们喜欢的阅读节就拉开了帷幕，大家期待的"辩论会"也会火热登场。最近同学们阅读的是《小学生鲁迅读本》，经历了导读课、交流课，他们已对书本内容有了较详尽的了解，今天进入了分享课阶段，辩论主题是"鲁迅笔下的人物是可怜多一些还是可恨多一些？"

与往常读整本书的阅读课一样，先是回顾这本书的内容。为了更加贴合这节课辩论的主题，我选择了鲁迅笔下的人物这一角度进行切入。

"考考你们，看关键词猜人物，知道的马上举手。"

课件上出现了"圆规"这个词，很快几只小手就举起来了，没几秒班级大部分的孩子都举手了。没错，是"杨二嫂"。紧接着，课件上又出现了"不多不多！多乎哉？不多也。"这句话，"唰唰唰"，有些同学都迫不及待了，就连平时很少在课堂上出现的手此刻也高高举着，之后众多人物特征与姓名的连线也在抢答中轻松完成。

"你们对鲁迅笔下的人物这么熟悉，那么这些人物给你们留下怎样的印象？"

涛涛："我觉得他们的命运很凄惨。比如祥林嫂年轻的时候丈夫就死了，婆婆逼她和贺老六成亲，结果贺老六因还债累病而死，儿子也被狼吃掉了。回到鲁四老爷家做佣人还遭到不平待遇，被赶出去当了乞丐，最后死在了一个大雪天。"

轩轩："我觉得他们的生活艰难。阿Q总是破衣烂衫的形象，只能给别人做短工，吃食还是个问题，最后还稀里糊涂地画押被送上刑场。而孔乙己穿着破长衫，总是遭人嘲讽。"

妍妍："他们都是身处于生活底层的农民形象，所以我觉得他们是朴实的。闰土小时候见多识广，给鲁迅讲各种新鲜事；孔乙己虽然很穷，但是还分茴香豆给小孩子，所以他们也是很善良的。"

希希："这些人物基本都是底层人民，他们的命很苦，也信一些封建迷信。比如阿Q，因为癞头疮，他忌讳别人说一切近于 lài 的音，到后来光、亮、灯、烛也忌讳了；又比如长妈妈，总是拘泥于很多规矩，叮嘱鲁迅新年一定要跟自己说恭喜恭喜，然后吃福橘。"

……

听着同学们各抒己见，我不由地想给他们点赞，因为他们在看书的时候都有自己独特的思考与想法。我总结了他们的观点：这些人物形象是双重性的，一方面让人觉得可怜；另一方面让人觉得可恨。接着聚焦《多乎哉？不多也》这篇文章，让学生去发现孔乙己是可怜多一些还是可恨多一些。引导孩子们找到能证明自己观点的语句，做好批注。

课堂瞬间安静了，小伢儿们开始静思默读，"沙沙沙"的写字声也开始此起彼伏……

终于到了发表观点的时刻了。不出所料，教室左侧整整五列桌椅已被正方（觉得可怜多一些）的孩子占据，这让正方辩手乐开了花，各个脸上洋溢着笑容，似乎凭借人多势众便可赢得辩论赛。而右侧两列的反方则显得十分弱小，"这有些不公平呀！""没事，我们的论据多着呢！"反方是这样鼓励自己的。

看着正反两方都已做好了准备，我随即宣布了辩论的要求，紧接着进入了自由辩论的环节，由正反双方分别阐述观点。

正方：我方认为孔乙己可怜多一些。因为书本中写道："穿的虽然是长衫，可是又脏又破，似乎十多年没有补，也没有洗。"他贫困潦倒，很可怜。

反方：请问对方辩友，你们有没有想过他的长衫为什么这么脏，脏到似乎十多年没有洗，原文中写道："孔乙己身形高大"，他为什么不去洗洗自己的长衫呢？就是因为他懒惰。可怜之人必有可恨之处。

小文老师：抓住语言文字中的细节证明自己的观点，方法很不错。在对方发言的时候我们也要认真倾听，找到说话的漏洞，才能有力反驳对方哦！

正方：对方辩友，请注意审题，今天我们辩的是可怜多一些还是可恨多一些，我方并不否认他有可恨之处，只是我方认为两者相比，他显得更可怜些。文中写道："皱纹间常夹些伤痕"，这些伤痕是遭人毒打而留下的，试想常被打的人是不是一个可怜人？

反方：关于孔乙己的伤痕，我方要提醒对方辩友，那是因为他偷东西才被人打，文中就写道："你一定又偷了别人的东西了"，但是面对别人的质问，孔乙己却狡辩"你怎么这么凭空污人清白"，这样一个会偷东西又会为自己的错误狡辩的人怎么会不可恨呢？

正方：对方辩友，请关注文中多次出现的"笑"字，"只有孔乙己到店，才能可以笑几声""孔乙己一到店，所有喝酒的人都便看着他笑""引得众人都哄笑起来"，还有文章最后写道："孔乙己是这样的使人快活，可是没有他，别人也便这样过。"可见他就是别人眼里的笑话，如果在实际生活中别人只会嘲笑你，你觉得自己可怜吗？

反方：孔乙己是一个读书人，他总是满口之乎者也，说令人难懂的话，所以才引得众人哄笑起来，别人嘲笑他是因为他自命清高。

现场的火药味越来越浓了，各方都从语言文字中找到关键信息来论证自己的观点或者反驳对方的观点，更有孩子忍无可忍，没等对方说完，自己便开始表达自己的看法，这让教室瞬间乱成了一锅粥。我不得不打断辩论赛：双方唇枪舌剑都有不少想法，不过我们也要注意辩论规则，安静听，找漏洞，再反驳。

正方：孔乙己是一个穷人，他去店里买两碗酒和一碟茴香豆，付九文大钱的时候用了"排"这个字，每一枚大钱都要排过去，似乎生怕多给了一个，但是这样一个穷苦人还把茴香豆分给小孩子，他的善良大方更反衬出他的可怜。

反方：穷归穷，但是他竟然说道："窃书不能算偷"，这样死爱面子的行为就是让人觉得可恨。

……

真是公说公有理，婆说婆有理，下课铃响了，但辩论越发激烈，思维火花碰撞越显而易见。孩子们对人物形象的看法，渐渐从最初均倾向于可怜的观点，到后来在每个可怜之处都发现其可恨之处。这种辩论的形式，让智慧的火花在课堂中不停迸发……

打造理想的大书房

冬日暖阳下，一个平平常常的中午，我在批作业，同学们在看书。

教室一角，图书委员星星正在整理书目。过了一会，忽然听到他在低声地嘟囔：我真的不想再去借书了，找本喜欢的书，难、难、难；还书，烦、烦、烦……

怎么啦？

等星星发完书，找来一问，话像算盘珠似的噼里啪啦一堆，还把帮着搬书、分书的同学找过来一起说，敢情这图书委员的苦是由来已久啊！

"小文老师，这几年我们学校肉眼可见的越来越漂亮啦！贝壳博物馆、迷你小森林、原生态树屋、海洋攀岩墙……可是，图书室还是静静地在那里，真是一丝丝改变都没有啊！……"

"小文老师，你知道给班级借一套书有多难吗？很少有书能满足一个班的数量，我每次要选两套，好麻烦呀！"

"就不能给安排个机器人啥的，让我们图书委员轻松点，下个指令等个十分钟就能拿到书，哈哈，想想就很美好。"

拿到书的孩子们也你一言我一语："这几年，书倒是更新得不错，蛮多新书的呀！挺好呢。"

"我要是能自己去图书馆挑书就好了，你们图书委员借的书我不一定都喜欢呀！"

……

看着同学们一双双渴望的眼睛，作为一名毕业班的老师，我翻开了语文书最后一个单元"综合性学习：难忘的小学生活——依依惜别"，一个想法渐渐在我脑海中生成：和学生们一起改造学校图书室，让它成为温暖孩子们心灵的"书房"吧！

我一脸期待地对同学们说："我们就学校图书室来一场设计策划之旅吧！以后回望母校的时候，我们也能自豪地说，这是我们的 idea ！"

"可是，没有调查就没有发言权！光小文老师和我们说说，校长会愿意花巨资改造图书室吗？不可能的啦！别白费工夫啦！"星星提不起兴趣。

"你说得很对，没有调查就没有发言权！我们一起去图书室实地考察，最真实的体验、最确切的数据，一定能引起大家的关注，说不定就成功了呢？"

在这场设计策划之旅开始的时候，孩子们是迷惘的。该从哪里着手呢？我给了大家一点小小的提示："看！你们一年总要去图书室借个七八次，如果你们能了解学校里全体学生的借阅数据，相信你们一定会有发现哦！还有数据的分析，可以结合数学里你们学的统计知识，柱状图、圆饼图，怎么喜欢怎么分析呗！"听了我的讲述，有一个小组马不停蹄地调查了学校图书室的使用情况，有了真实的数据，大家切实地感受到"学校图书室"的借阅量、流通率不尽如人意，窥一斑而知全豹。我们学校的图书馆吸引力指数亟待加强！

接着，我带着班级的每一位同学跟着图书委员走进图书室进行一次借阅体验，并把这项体验活动的感受进行了交流：产生了阅读需求，可是没办法知道学校图书室有没有相关书籍；去图书馆非常不方便；在书架上找书、取书还是老式的方法，用眼睛一本一本找；更为麻烦的就是借阅了，一台电脑一本本刷条形码，真的很费时间；想在图书室里看看书，没有几张椅子不说，灯光还很昏暗……同学们好希望有借阅的智能机器人；有楼层的"分馆"随借随还；有图书馆的舒适阅读区，能享受当场读书的氛围。然而，我们这里却缺少得太多太多！这样的老式图书室能改造吗？真希望是和家里一样的一间书房啊！

当我们在交流借阅体验的时候，一位孩子说道："你喜欢这样，但我不喜欢这样。"我觉得一个班级"理想书房"的样子一定是片面的，只有把全校同学的想法汇集起来，才能聚拢成大家期待的书房的样子。当机立断，那就来一场校园采访吧。

可是，哪有时间去采访每一个同学呢？我们急需一个方便且可行的操作方案。分工合作，有人采访老师，大部分人负责采访学生。年级全覆盖，分组派驻深入不同的年级。说干就干，准备好有针对性的采访提纲就出发啦！

"如果学校图书室进行改造，你最想它是什么样子的？"

采访过后，不仅收集到很多图书室改造的信息和建议，同学们的采访表现也令人刮目相看。

"星星同学本来动力不足，但是这次采访中，他设计问题点子多，现场访问落落大方，让我非常佩服！下一次有机会，我还要和他一组多学习，当然，我也想自己走上去采访！"

听着大家的采访感想，我觉得这次的策划设计活动意义已经超越了它本身，更深层的东西已经在孩子们的心里扎根。

模型的设计，是我们在前期调研、调查和采访基础上进行的，大家设计着"理想中书房的样子"，当一个个模型展现在我眼前时，我被孩子们多角度的思考而骄傲，当小组代表侃侃而谈小组设计理念的时候，当小组代表面对大家的提问据理力争的时候，我被同学们对母校的这份热忱而感动，为同学们作为学姐学长对弟弟妹妹们的关爱而心潮澎湃。

新小伢们的阳光暖心书房，没有硬硬的凳子，只有软软的沙发；没有书桌，只有一棵大树；这里不仅有可借阅的书架，还有小舞台似的布置，小伢儿们阅读时，还可以来演一演……太多的惊喜，都来自我和同学们的创意。

门庭的超级变变变！

"请问，你是小文老师吗？"一个小男孩胆怯地站在办公室门口。

我抬起头，答道："是呀！你找我有什么事吗？"

"我，我有个想法……"

"什么想法？"

男孩欲言又止，过了一会儿，他说："可以重建喷泉，让我们继续玩吗？"

喷泉？

我陷入沉思。2004年9月份学校刚刚建成的时候，进校门的广场上有一个喷泉，每当有活动或者宾客来访时，伴随着欢快的音乐，中间的大水柱一飞冲天，旁边的小水柱摆动着婀娜的舞姿，与喷泉池中的水花，组成了一片欢腾的景象，场面颇为壮观。学生们无论在哪个角落，都会不约而同地飞奔而来，踩一踩喷水口，摸一摸喷水柱，淋一淋喷泉水，玩得不亦乐乎。

转眼间，来到了 2017 年，喷泉老了，堵了，再也喷不出水了，因为下沉的两节阶梯，喷泉的铁柱子存在安全隐患，被围了起来。往日的嬉戏场所不能玩了，学生们心里怪不是滋味的。

我对小男孩说："你想念喷泉吗？可惜它老了，里面有些线路老化了，所以它呀，喷不动啦。"

"听说，你是我们学校的最强大脑，你可以让它变成一个新的游乐场吗？"

我一下子明白了，这娃娃真讨人喜欢，让人难以拒绝啊！

于是我摸摸他的头："好的，既然你来请我帮忙，我就答应你，但是老师有件事需要你去做！"

"真的吗？"孩子开心得跳了起来，"你说，我一定做到！"

"需要你去收集一下你们最喜欢玩的游戏是什么。"

"这么简单，明天我就来告诉你！"孩子开心地走了。

第二天中午，他来了，"小文老师，大家喜欢玩的游戏很多，我和我的小伙伴们讨论了一下，我们可以把喷泉做成迷宫吗？"

"这样啊！老师收到了，我一定努力哦！"

"别让我们等太久！"临走时，还不忘提醒一句，"你可是最强大脑呀！"

这件事情靠我一个人肯定不行，我得发挥整个教研组的力量，几个老师一起想办法、画图纸、选材料……一个月以后，一个崭新的迷宫横空出世了，迷宫的材料是"方扣米格软质地板"，它既安全环保，容易清洗，还防滑耐磨，防晒抗冻，最重要的一点是容易拼装，如果一款迷宫玩厌了，还可以重新拼装成一个新的迷宫，操作简单，学生也能上手。

"谢谢小文老师，你果然名不虚传！"那个男孩站在迷宫里，向站在二楼的我大喊道。

"好好玩儿哦！"我也开心地笑了，他真是一个机灵鬼啊。

从那以后，一年级新生入学刚进校门，都会挣脱父母的手，忍不住先去闯一闯这个迷宫；课间活动时，也时常可以看见一个闯关者，一群指挥者围在迷宫周围，这里又变成了学生们欢乐的海洋。

不知过了多久，小迷宫的游戏渐渐降温了。这时候，学校掀起了冰壶热。不待孩子来找，我就已经提前筹谋起来："这个迷宫能不能优化进阶一下呢？"

一个人的力量有限，我继续把问题抛给了整个教研组，进一步发掘这个小迷宫的大作用。怎么用这一块场地来学习数学呢？南方的老师和学生都没有接触过冰壶，只能查资料，用自认为最优的材料做了几个冰壶。这个小广场不仅能走迷宫，还能打冰壶；不仅能做游戏，还能学数学。数学老师尝试着把课堂搬到了冰壶场地：低年段的老师带着学生来到冰壶场地学习距离的测量；中年段的老师带着学生来学习面积的计算；高年段的老师将课本中圆的认识和冰壶游戏相结合，学生通过了解圆心和半径，能够判断冰壶到圆心的距离远近……在大家的进一步改装之下，这个小迷宫进一步变成孩子们对数学的"迷恋"啦！

数学组老师们自己也"玩"high了，还拉着别的学科的老师尝试着全科融合，尝试开展"体数融合"课。前半节课里，老师先教了一节"打冰壶"的游戏指导课，等到孩子们了解了游戏规则之后，带领他们通过"冰壶大战"学习"统计中的平均数"，在轻松愉快的游戏中，了解了冰壶的玩法和数学中的"平均数"，不仅学习了本领，而且促进了学科协同发展，这个过程由最初的"数体各半"到在"体育中的数学"再到最后的"数学中的体育"，喷泉场地上进行着学科融合。

还是广场上的那方天地，送走了喷泉，走过了迷宫，溜走了冰壶，这还不够吗？2019年，小迷宫再次迎来了一次重要变身——它变成了国际跳棋的大棋盘，而冰壶呢，也摇身一变被打磨成了深浅两色跳棋棋子。这又是怎么回事呢？

原来，近期新入学的每个孩子都要学习国际跳棋，而这项智力活动每一次着棋都要经过大量的计算和判断后才能落子，但大棋盘不同于室内的小棋盘，仅仅两个学生是不能完成对垒的，需要组成两个团队，对阵的团队还要分为智囊组和对垒组，智囊组负责谋略和指挥下棋，对垒组负责搬动棋子，明明是下棋，却变成了一门课，一门需要团队合作的课，于是门庭继续进行美丽的变身……

我们的造物节

"大家好！我们是花灯守护者。"

"我介绍自己亲手做的花灯，讲一讲六角宫灯的制作过程。"

"这是我制作的花灯小童话书，我将告诉大家花灯特色——金陵十二钗的秘密。"

"我是传统文化的继承者。我的花灯最有特色，它是一盏智能花灯，是传统和现代的结合……"

"我们的花灯守护宣言是：我们立志做一名花灯守护者，从传统文化中汲取力量，再创辉煌。"

这就是小伢儿们的长假作业汇报，惊不惊喜？意不意外？

元宵节——赏花灯，这个绵延至今已有2000多年的习俗，会带给孩子们怎样的惊喜呢？花灯和花灯背后汇聚的文化，当揭开它们的面纱，又会给孩子们怎样的震撼呢？

赶紧开动起来吧！如何更好地设计项目任务，引发孩子们深入地思考探究？真是一件烧脑的事！要了解元宵佳节的风俗，以花灯作为支点切入，似乎没有比亲自制作花灯更合适的了。赏花灯、知花灯、做花灯、守花灯，一脉相承。好嘞，我就按照这样的流程试一试。

项目启动从了解元宵佳节的传统和习俗开始。"东风夜放花千树，更吹落，星如雨。宝马雕车香满路。凤箫声动，玉壶光转，一夜鱼龙舞。谁能说说元宵节让你印象最深刻的人和事？"

"元宵节除了吃汤圆，我们老家还有舞龙舞狮表演呢！"

"我最喜欢猜灯谜了，还可以买各种各样的花灯。"

"对了，不同地方的花灯一样吗？元宵节为什么有花灯？花灯是怎么制作的呢？小文老师有好多好多的问题，你们想找找答案吗？"

"想！"孩子们异口同声地说。

"那就让我们一起走进元宵节，探秘花灯，做传统文化的守护者，好不好？"

乘胜追击，我继续给孩子们讲述花灯的起源，以及复杂的制作工艺。看着孩子们一双双炯炯有神的小眼睛，我觉得孩子们的探究兴趣被成功地唤起了。

令我眼前一亮的是，开始做"花灯小童书"构思方案之时，已经有好多小伢儿有了自己的创想。

"大家可以怎么制作属于你个人的小花灯和这本'花灯小童书'呢？"

"我想上网查询资料，了解花灯的起源、历史传说、文化诗词以及花灯的种类及制作原理。"

"可以问问爸爸妈妈，他们知不知道。"

令我惊喜的是除了书本和网络知识，有的孩子还利用寒假时间特意去北京故宫参观了过年时才有的花灯展：有特别高的天灯，有华丽精致的万寿灯，有寓意美好的五谷丰登灯，还有流光溢彩的琉璃宫灯……还有的孩子去老家探访了老花灯匠人，学习花灯的制作方法，听老匠人讲关于花灯的故事。

每个孩子花灯制作的灵感各不相同，参观过故宫灯展的晨晨同学就是根据故宫里的六面宫灯设计的花灯。通过视频展示，全校同学都能看到晨晨制作的精美的六角宫灯。

"首先，选择具有一定透明效果和厚度的塑料中空板制作完成六面的灯架和灯身。借鉴中国木建筑的榫卯结构，采用拼插的方式连接灯架和灯身。连接完成后的花灯顶视图呈正六边形，对角线灯架长度为六边形边长的 2 倍，且要突出灯身作为装饰。接着用具有吉祥寓意的红色剪纸如福字、梅花等图案和中国结装饰灯身。最后安装上 Led 小光源和灯杆，精美的花灯就制作完成了。"

几乎每个小伢儿都能把自己的想法融入花灯制作中，或许还有些稚拙，但胜在有了体验。小伢儿们也有很多奇思妙想，设计了纸花灯形式的小童书，里面采用了各种造型的剪纸花灯和传统纹样进行装饰，而且对花灯历史、种类、诗词文化以及设计方法等内容记录的很详实。有了切身的体验，才会有精彩的作业展示。

家长开放日中，小伢儿们还围绕着"我是花灯守护者"这一主题开展了主题队课。孩子们通过歌舞、朗诵、猜灯谜等各种形式汇报了这一阶段项目式学习的成果。队课受到了参观嘉宾与家长们的连连点赞。

"现在的孩子太了不起了。"

"小学生就能开展研究，厉害！"

"教师发挥了智慧，充分激发了孩子的兴趣和积极性。"

一件花灯，从骨架、灯户、灯群直到缀好灯花，就如同一个人的人生一般，经历着初萌、出生和成长，都等待着烛心被点燃的璀璨……受央视节目《国家宝藏》的启发，这项活动还有延伸篇——花灯守护者。孩子们大声说出自己的守护宣言，立志守护做花灯的技艺与传统文化……

学做小木匠

每周五是同学们最期待的日子。这一天，总能看到很多唱着歌、蹦蹦跳跳的孩子们，拿着一块块木板、一根根枝丫往地下仓库走。他们要干什么呢？

原来，学校的地下仓库已经在暑假重新装修，变成了木工坊。这里有分门别类的木工工具：小锯子、木锉刀、木工刨、角尺、刻刀……整齐地挂在墙上，方便大家拿取。这里还有琳琅满目的木质模型：衣架、木枪、飞机、房子、轮船；还有各种动物的造型：小猪、小鹿、白鹤、老虎……这里简直是同学们的动手天堂，来这里的同学摇身一变，都变成小木匠啦！

当我第一次带我们班的学生来到这里时，他们都惊奇得瞪大了眼睛，嘴巴张得大大的，发出一声声的感叹。看着他们惊呆了的表情，我鼓励道："去吧！你们可以自由参观一下，但要轻拿轻放，不允许损坏哦。"听到这里，同学们拔腿就跑，拿起一个个木制模型爱不释手。大家一边看，还一边兴奋地向周围的同学分享着喜悦：

"这个小猪好可爱！"

"这个白鹤感觉展翅欲飞，你看是不是？"

"我也好想做一个这样的飞机模型。"

……

看着眼前雀跃的孩子们，我不忍打断。直到大家将所有的模型都仔仔细细地研究了一番后，我才开口：

"同学们，这些模型都是我们学校的同学做的，很赞吧？"

"小文老师，我也想做一个，可以吗？"

"我也想做一个。"大家都围了过来，大家都表示想亲手做一做。

"但是每一个模型都不是一朝一夕就可以完成的，需要大量的时间，还要有足够的耐心，你们确定要做模型吗？"

"我们可以的。"

"小文老师，我保证，我一定可以的。"

"给我们个机会试试嘛！"

经不起他们的软磨硬泡，我答应了，"好吧，那我们先确定一个制作时间吧！"

"周五吧？你们觉得怎么样？"

"可以，周五的作业可以周末做，也不会影响学习。"

"大家都赞成吗？我们来一个举手表决吧！赞成的举手。"大家都把手举了起来，"那我们就定周五中午。"

我趁热打铁地说道："大家可以回去先想一想你想做什么模型，放学以后也可以看看身边有没有不用的木制品，树枝、废弃的木板、木床、木桌，这些都可以拿来做模型哦。"

确定了制作时间、制作模型、制作材料，我就教他们使用各种各样的木工工具。

每逢周五中午，大家便会拿着造型奇特的树枝、木头，准时来到地下木工坊，对照模型，一刻一画地将心中想要的形象用灵巧的双手创造出来。

每当这时，小伢儿们像换了个人似的。他们既不交头接耳，也不肆意打闹，把全部精力都投入到了手中的那一块小小的木头上，难用的工具，在他们的手里像有生命的似的，逐渐木头被雕琢得不一样了。

时光迈着轻盈的脚步悄悄走过，时钟转了一圈又一圈，终于到了收获成果的时候了，孩子们手中的木头已经变成了一个个精巧的模型，姿态各异，妙趣横生。

正当我细细观赏这些栩栩如生的作品时，小小的啜泣声传入我耳中。我抬头望去，看到周周正在擦拭眼角。

我走到他面前，一边搭着他的肩膀，一边俯下身子轻声问："出什么事了？"

周周有些不好意思地说道："别的同学都做得那么好，可是我却连一个勺子也做不好。"

"为什么要做勺子呢？"我试探着问。

"我想用自己亲手做的勺子吃饭。"周周小声说道。

"嗯，那这个想法很好呀。"我鼓励道，"能给老师看看你的勺子吗？"

从周周手中接过勺子后，我细细地观摩起来。这是一个很普通的勺子，勺柄已经被打磨得很光滑，但是最重要的勺头部分却还没有成型。

"周周，你要知道，做勺子并不简单哦。看似一个简单的勺子，却需要多种工具、多种手法。首先，我们要看看是不是选对了工具呢？"我一边说，一边将锯、黄金锉、刻刀、砂纸等工具摆在他面前。

我拉了一把椅子坐到周周身旁，手把手教他："使用工具之前，一定要注意安全。咱们要用锯子将勺头多余的部分锯掉，然后用黄金锉把四周磨平，再用刻刀刻出凹槽，最后用砂纸磨平……"我一边细细地说，一边手上动作不停，不一会，一把小巧的勺子做好了。

周周看着我手中的勺子，不由得惊叹："哇，好漂亮！"

我轻轻抚摸着周周的头说："你也可以的，但是我们要选对工具，找准方向，只有这样，才能做好模型哦。"

周周郑重地点了点头。

在我指导周周的过程中，吸引了很多学生来围观。听了我的讲解后，大家纷纷亲自上手做勺子。同学们在做的时候不由得感叹："原来做勺子并不比做动物简单！"

是啊，很多看似简单的事情，只有通过亲身实践才能掌握其中的精髓，小小工匠，要完成一个小小的创作，也是一个了不起的事业啊！

福娃的年终派送

"叮！"在开会途中，我的手机收到了一则简讯——

"小文老师，福袋小使者们已经全部完成'取货'，现在正在'派送'期末福袋呢！"原来是副班主任向我报备小伢儿们送福袋一事呢。

受疫情影响，同学们不能按时返校参加休业礼；但是期末的美好祝福怎么可以缺席呢？思来想去，我从班级中选择了几位"福娃"，作为代表给分散在各个小区的小伙伴送回成绩单，也带回一份份新年的"神秘礼物"。

"谢谢顾老……"对话框中的文字还没有输完，页面那头的顾老师又向我传来了一张张福娃们领取福袋时的照片。娃们或高举福袋，脸上摆出调皮的鬼脸；或交换福袋，"窥探"各自福袋封面上的卡通人物；或迫不及待地将福袋撕开，紧张又兴奋地取出属于自己的期末小礼物……看着小伢儿们脸上可爱的笑容，我的脑海里也浮现出了即将收到"派件"的娃儿们那一张张喜人的脸蛋儿，那种种迥异的表情，让我也不禁扬起了嘴角，手指配合着滑动向一张照片。

当图片加载完成，一张温和的小脸清晰了起来。只见镜头下的小可爱，双目专注地盯着镜头，双唇微张，嘴角微微上扬，双手小心翼翼地将此次负责派送的两个福袋举到胸口，这副郑重其事的样子，真好像即将出征打仗的大将一样。露在外面的这个福袋封面上，赫然写着这个小可爱的名字——虎虎。

虎虎，是一个虎虎有生气的小伙子，也是一个常犯迷糊的小马虎。他对所有事都有着百分之百的热情，但是常常只有百分之一的完成率。事情一件件积累多了，老师和同学都对他虎头蛇尾的特点有点头疼，派给你的工作也就越来越少。

看着照片中的他，尤其是放大了来观察那双专注得出神的眼眸，我仿佛看见了顺利地、毫无差错地将福袋递送到同小区的小朋友手中的模样。要知道，这份派送福袋的"美差"，对他来说，得来时有些许不易；这次的派送之旅，对虎虎来说，意义非凡。

说起虎虎，真是说来话长。他是班级里出了名的积极王和热心肠。在过去的这个冬季，大多数早晨，他都是第一个到达教室的小朋友。当他到教室时，就意味着"班牌"也到了教室。因为呀，在进入校门的时候，他一定会及时带上它。

等我到了教室，开始在黑板上写下每日晨读的相关事宜时，虎虎总会围上来，我写一个字，他便读一个字，我写一句话，他便读一句话。待到我将粉笔放下，他便会像个小喇叭，在班级门口转来转去，播报新发现："同学们，好消息！好消息！今天隔离的小刘同学要回来啦！列队欢迎、热烈欢迎！"

除了将我在黑板上写下的注意事项奔走相告，他还很关心可以使同学们受益的事件，比如校园操场将会对附近的居民免费开放，得知消息的他再度开启小喇叭做起了通告。

到了中午，我戴着口罩走进教室，从防疫箱里取出手套戴好正准备为同学们分饭时，虎虎又会以最快的速度冲到我的面前："小文老师，今天我可以帮你分饭吗？"

在同学们吃完午餐和水果时，虎虎端起水果篮走到我的面前："小文老师，水果管理员还没有吃完，今天我可以帮同学们倒果皮吗？"在午间悦读，负责检查卫生的同学离开我班教室时，他第一个跟出去再笑脸盈盈地摇到我的面前："小文老师，今天的卫生真不错！"在放学整队下楼时，你最先把班牌递到我的面前："文老师，今天我可以整队吗？"……

"小文老师，今天我可以……吗？"多么诚恳、有礼貌的请求啊！我常常无法回绝他的热情与主动，但是却抵不过一次次从"可以"变成"不可以"的担忧。

"我可以分饭吗？"我欣然答应。口罩、手套装备齐全，虎虎和我一起分起了午餐，由于没办法分得均匀，引来同学抱怨纷纷，同学们你一言我一语，渐渐红了耳根，说道："小文老师，我下次分吧。"

"我可以倒果皮吗？"我点了点头。一手提着水果篮的一只"耳朵"，虎虎在同学们的座位之间游走，一手收起桌面的果皮放入袋中。谁料一个不小心，绊了个跟头，果皮洒落满地。虎虎红了耳根，说道："小文老师，我下次倒吧。"

从"今天我可以……吗？"到"下次我再……吧"，这中间还有过很多类似分饭、倒果皮的事件，虎虎显得越来越低迷，越来越怯懦，而这并不是我所希望看到的他的样子啊。

一转眼期末到了，到了我们班级中选择福袋使者的那一天。

"小文老师，我可以去送福袋吗？"虎虎在位置上高举小手。

"虎虎，下次可以吗？"

他涨红了脸，说道："这一次可以吗，这次我会好好送福袋的！"

我的脑海中再次闪过"小文老师，我下次来吧"的声音，略微迟疑。虎虎见我面露难色，小脸更加通红了，瞪大了眼睛带着呜咽开启了小喇叭模式："小文老师，这次我一定可以顺利送好福袋的！请你相信我好吗？我一定可以的……"

在你真诚地、一遍一遍地发出请求的时候，一个"护送计划"忽然在我的脑海中形成。咱们的"虎头蛇尾"同学能不能变成"有始有终"同学呢，在热情的背后我需要给他一些更有效的指导与帮助，这样他的完成之路就会顺利很多吧？

"好！老师相信你这次一定可以，下次也一定行！就让我们从送好这次福袋开始吧！"我一边说一边指着平日里得力的小助手悦悦，"让悦悦做你的守护使者。"

听到我的回答，他一下子像小喇叭充了电一样，再次瞪大了眼睛，一转呜咽的语气兴奋地喊道："真的吗？我真的可以去送福袋吗？谢谢小文老师！"没等我再次给予确认，他的小喇叭又上了电池，在教室里开心地播报着这个好消息。

事后，我找来悦悦，指导他和虎虎一起完成送福袋的计划，为他谋了个"护福使者"，委托他假装与虎虎在派送路上偶遇，然后一路陪同，边走边聊直至到达目的地，完成派送任务。

……

"这是虎虎啊！他也去送福袋吗？"一同前去开会的另一位老师的话语将我从争送福袋的那天拉回到当前。

"是呀！虎虎也去送。"我再次将手机里那张温和的小脸放大，注视着他坚定的小眼神，对着有点不放心的老师说道："虎虎这次一定可以，下次也一定行！"

说罢，我在对话框输入"谢谢顾老师，您辛苦！"便将手机放进了口袋，也将那个护送计划放进了口袋，心想，有了幸福护卫，你一定可以成功完成护送任务！

　　开完会议不久，我就收到了悦悦的短信"小文老师，成功完成护送任务！"过了一小会儿，虎虎的电话也来了，小喇叭又开始播报："小文老师，我已经把福袋送到啦；小文老师，这一次我没有搞砸；小文老师，同学们对我很满意……"

　　听着虎虎兴致勃勃的描述，好像看到了虎虎神采飞扬的脸庞，我不由地笑出了声，这个小马虎终于丢掉了虎头蛇尾的帽子啦……

玩偶云队会

庚子新年，疫情肆虐，牵动着每一个中华儿女的心。抗疫非常时期，各座城市行动起来，各家医院行动起来，各条战线行动起来……医护工作者的毅然逆行，各行各业社会工作者的坚定守护……这一切的一切，都深深感动着每一位老师的心。

随着疫情的迅猛发展，非必要不出门，延期开学，宅家学习……身边发生着从未经历的变化，很多人都在为抗击疫情竭尽全力。听着大人们碎片式的谈论，同学们虽懵懂却也感受到了这份隐隐的不安。每天在忙着为抗疫尽一份自己心力的同时，我也不禁惦念着我的小伢儿们此刻都在干些什么，面对这样特殊的情况，他们是否会害怕、担忧。

怎么能在这样的特殊时期，帮助懵懂的小伢儿去认识社会发生了什么？大家为什么会这样？我和我的小伢儿又能否尽自己的绵薄之力为战"疫"加油？我想到了班级一直在进行的"琅朗新新"朗读行动，于是在抗疫第一时间推出了班级公众号"琅朗新新战疫记"，这里不仅有孩子们用稚嫩童声朗诵的抗疫作品，更有孩子们看到爸爸妈妈去抗疫而写下的原创抗疫作品，用声音为抗疫战线助力。宅家抗疫期间，"琅朗新新"一共推出了整整 33 期。

宅家学习转眼一月余，每天网课，每周和小伢儿们、家长们在云端开一次一周总结会，和家长的交流中明显能感觉到小伢儿们从最开始的满心期待、充满新鲜感，渐渐变得疲惫懒散。我也想着各种"招数"，变着法儿地激励小伢儿们。"宅家抗疫小战士勋章挑战"，以一周为期限，记录本周自己各方面的表现，达标即可获得一级勋章，第二周二级，以此类推。"新新大讲堂"，让小伢儿们选择自己擅长或喜欢的内容，请爸爸妈妈帮助录成 1 分钟的小视频微课，发到班级群里供大家学习，既锻炼了口头表达能力，又能学到不少知识。这样的活动还有不少，希望能提高小伢儿们的学习和生活积极性，平稳度过这段宅家时光。可是，眼看抗疫小战士勋章五级挑战已近尾声，宅家学习似乎还遥遥无期，孩子们这样的状态很是让我担忧，怎么办？

周日晚上，是我和小伢儿们约定好的一周一次的"新新云表彰"时间，直播时群里一直跳动着留言：

"小文老师，我好想开学，什么时候才能上学啊？"

"我好想看看小伙伴，好想和他们一起玩！"

"我想教室了，好想去看看！"

……

望着屏幕，心里和嗓子眼顿时感觉堵堵的。

哎，有了，既然能有云表彰，是否能来一次教室云相聚呢？正好学校也要开云队课，不如就像主播那样开个直播，带孩子们回趟教室以解相思之苦，同时激励他们继续积极宅家抗疫。

结束直播，我马上进入家委会微信群，说了这个想法，随时在线的新爸新妈们立刻第一时间开始头脑风暴：

"这个想法好，先不要告诉孩子们，给他们一个惊喜！"

"想想都激动，孩子们肯定会开心地跳起来！"

"孩子不能去教室，要不派个他们自己最喜欢的玩偶？"

"玩偶只是玩偶，不是小朋友呀。"

"干脆打印个大头照片，贴在玩偶脸上，坐到他们自己的位子上，不就代表自己了嘛！"

"这个好，这个好！但是玩偶怎么拿到学校来呀，现在都出不了门！"

"和上次学校发新书一样，家长志愿者负责一个区片孩子玩偶的收发工作，大家拿来之前在家里消毒一遍，我们拿到再集中消毒一次，最后等教室里用完后再集中消毒一次送回，这样防疫要求也能达到。"

"好的，我负责照片收集和打印！"

"我负责我们这片的玩偶收发！"

……

微信提示音叮叮咚咚，此时，时间不觉已指向凌晨，看着热闹的新新家委会群，我不禁心头一暖，多幸运的新小伢。

很快，在大家的一起努力下，只用了两天时间，43个新小伢就"回"到了想念的教室，"回"到了自己的座位上。教室里，43个座位，满满当当。43张课桌前是满满的宅家抗疫挑战荣誉证书、勋章和奖品。为了让大家的名字在镜头里更醒目，我给每个孩子做了姓名台签，给每个"孩子"挂上红领巾，看着这一群姿态各异、笑靥如花的宝贝们，恍惚间，耳旁响起了他们平日里的嬉闹声，原来竟已如此想念。

为了云队课的云仪式，孩子们提前录制出旗视频，在直播当天播放。主持人、队歌小指挥、"毅30"代表分享……小朋友都直接在家中做了现场直播。

正式开播啦，熟悉的云端音乐再次响起，孩子们以为又是一次常规的云端总结表彰会，却没想到打开屏幕看到的是我身后满满当当的教室座位，座位上"端坐"着一个挂着红领巾的、笑容灿烂的大头自己，兴奋得仿佛自己回到了教室，和久别的小伙伴一同欢笑。

有的小伢儿立刻欢呼起来："哇，我回教室啦！"

"哈哈，那不是娃娃版的我吗，好可爱！"

……

在孩子们的欢呼雀跃中，云队课一个环节接一个环节顺利地进行。看着孩子们一个个兴奋的小脸蛋，这几天的疲劳烟消云散。在主持人宣布云队课到此结束时，我松了一口气，正准备和孩子说再见然后关闭直播。突然，耳边再次响起两个小主持甜美的声音：

"等一下，我们还有话和小文老师说。"

"一——二——齐——"

"小文老师——我们爱您！我们好想您！我们好想您！！！"

响亮的声音回荡在教室，屏幕上，43个小可爱，敬着队礼，竭力地喊着想念，仿佛声音越响亮越能将思念传递。他们是什么时候"密谋"的，我完全不知道。原本是想给孩子们一个惊喜，以解相思之苦，却不承想临了有这么大一个彩蛋，瞬间破防，眼泪止不住地落下……

"小文老师，我好想好想你，好想回学校！"一个小可爱红了眼眶。

"我要回学校，我想大家！"一个小调皮悄悄抹了抹眼睛。

"同桌，我想和你玩游戏，你等着我回学校哦！"一个孩子迫不及待地对着屏幕大声说。

……

　　是啊，不经历分别的思念，如何懂得相聚的幸运。相信这节云队课，一定会深深印刻在每一位新小伢的心中。

37封特殊的情书

"老师,我们什么时候返校?"

"老师,我们什么时候见面?"

"老师,我不想上视频课……"

看着视频里无精打采的小脸蛋,我不由得与他们一样焦灼不安起来……

新冠疫情暴发后,全国上下进入战"疫"时期。特殊时期,我和孩子们不能像往常一样在学校见面,只能通过网络沟通。怎样才能在隔离期间跟孩子们多些交流、多些陪伴呢?

看着孩子们一张张期盼的小脸,我突然灵光一闪:可爱的孩子们都跟小动物一样"萌萌哒"。此时,正值学校第五届"毅30"活动期间,何不给孩子们每人画一幅特别的动物画?好几个孩子的形象立刻在我脑中浮现出来,想着他们跟这些小动物的个性实在太像了!于是,我的"特殊情书"绘制序幕就此拉开……

我设想着，每一个孩子都是一个神奇的"动物"，有的像活泼好动的猴子，有的像古里古怪的精灵，有的像萌萌的兔子……我下定决心不给孩子们画常见的动物，而是要与众不同。比如像貜狐狓（你知道这几个字怎么读吗？）、婆罗洲猩猩、维多利亚冠鸠……哈哈，这样的"神奇动物"你听说过吗？

悄悄告诉你哦，这些神奇的小动物，可不是随便选的呢！它们都是根据每个孩子的性格、脾气选定的，就连每一幅画的颜色都精心设计过哦。

你看，鵟（kuáng）雕的整体颜色偏绿色，因为这个小朋友给我的感觉是冷静的；整体偏蓝色的蓝鲨，对应的是一个内敛的孩子；红色为主的画卷背后是个奔放外向的孩子；中性色（比如岩羚羊），代表了一个性格温和的孩子。我认真地选择有趣的动物形象，再根据孩子的表情、神态等特点对动物形象进行改编创作。别说，这寻找素材、确定人物、认真创作的过程，让我觉得孩子们好像就在我面前，我是在用这样特殊的方式表达我的美好祝福。

作画的过程中，我又觉得有一点儿不满足。

孩子收到礼物后会不会不懂得老师为什么为他画这个小动物，能不能再把我的心意表达在画作上面呢？思虑再三，我决定在每幅画下为这名孩子配一句自己作的诗，既要简洁又要体现这个孩子的特点，还要有鼓励、有希望，每个人又不能重复！比如第一天画的是岩羚羊，送给我们的班长："头羊勉励前，携手齐争先"；第二天画的是灰冠鹤，送给大方善言的煜煜同学："韶颜秀眸曼妙，皓齿出言有章"；第三天画的是两条深海鱼，"鸾凤并蒂生，性擅各自持，海阔凭鱼跃，天高任鸟飞。"这是送给班里的龙凤胎姐弟……就这样在疫情笼罩的日日夜夜，我全身心地画着，不厌其烦地改着，绞尽脑汁地写着，每一只神奇动物的"诞生"都要花四五个小时呢。

"一封情书"完成后我会把编辑好的图片发到钉钉"班级圈"，于是每天都会有不同优点和萌点的可爱小动物出现在"班级圈"。

渐渐地，在冷清的居家日子里，我们班的家长、孩子都在热烈议论、期盼——明天谁会收到小文老师的作品呢？这一封"情书"会是献给谁的呢？会画什么动物？自己在老师心中是什么样的？有哪些优点？也会猜测其他孩子会是什么形象。好紧张，好期待呀……

让人欣喜的是，一封封"特殊的情书"诞生后不仅在漫长的居家期间陪伴了孩子们，更有了意想不到的收获。收到画后，有些孩子马上要求爸爸妈妈帮她打印出来，装框后挂在了写字台边。孩子每次学习想偷懒时，家长就让她看看画，用老师的力量唤醒孩子的自觉。"老师也在坚持打卡，你也要坚持！""虽然你不在老师眼皮底下，但是老师一直在看着你哟"。

"我家小朋友看到老师的画，就开始想象自己是什么小动物，然后猜老师会画什么。她想象自己是一匹马，老师画的是飞马，多了一对翅膀，小朋友真是高兴得不要不要的。"我们班的希希爸爸激动地跟同事说，真是意外、开心，有一种跟老师心灵互通的感觉，他一再重复孩子惊异的发现："太奇怪了，我们班同学想什么，好像老师都提前知道了。"看来，这份爱也蔓生进了大家的心里。

而更多的惊喜故事还在继续，还在发生。班级很多同学在我的带动、家长的鼓励下也开始了每天一画、一写、一背……最了不起的是希希同学，她学着我的样子坚持每天给班级同学画一幅素描肖像画，一直坚持到画完全部同学，开学时带来并亲手送到同学们手中。孩子、家长、老师互相打气，共度特殊时期。

现在回想那一段时间，我依然感到温暖与幸福。这封"特殊的情书"让我和家长、孩子们的心贴得更近了。疫情曾经阻隔了我们，但是爱却把我们紧紧联系在一起。我与"神奇动物"们的爱在一幅幅画中已经扎根在彼此的心底，蔓延生长……

三

春之萌动

"春色满园关不住、一枝红杏出墙来。"盎然的生机、萌动的活力，春天跃动在校园随风飞扬的彩旗里。动动季，全体运动、精彩活动，留下一个个生动的瞬间！

别样的开学典礼

"同学，请往这边走，找到你的姓氏哦！"

"陆陆，新学期好啊，快去找找你的姓吧！"

开学报到那天，我早早地就在校门口迎接着同学们的到来。寒假里，为了让学生能够创新地探索传统文化教育的方式，我跟学校项目组一起设计了"百家百姓"的项目作业。现在的我，怀着无比期待的心情，等待着孩子们回归，因为还有一大波惊喜要跟他们一起分享呢！

只见学校的大门口正立着一面"杭州市文新小学姓氏统计墙"，横轴上记录着已经统计好的姓氏。孩子们一进校，就将自己的姓名贴贴在相应姓氏的柱状条上。"你帮我找姓氏，我帮你一起贴。""小文老师，我的姓氏在哪里？""哎，我找到你的姓啦，快看，在这里呢！""哇……我们姓张的同学是最多的！""我们姓陈的也不少呢"……随着柱状条上的姓名越贴越高，越贴越多，一张生动的文新小学姓氏柱状图就诞生了。

上午9点，全校的同学陆续到操场上集合，迎接隆重的开学典礼。只见主席台前站着一排老师，他们手持一面大旗，旗子上有的写着"张"，有的写着"陈"，还有的写着"联盟"！一面面姓氏大旗，迎风飘扬，好不壮观！

"老师，你们这是在干什么呀？""老师，你们今天看着好威武啊，要比武吗？"大家议论纷纷，各种猜测。

"同学们，今天我们要进行一次别样的开学典礼。主席台前，这么多姓氏大旗，你们猜猜是做什么的？"

"要比赛，要比武……"五花八门的猜想充满童趣。

"今天，我们要进行一个姓氏大集合。请相应姓氏的同学到举着旗子的老师那里集合，我们要开一次家族分享会！"

我的话音刚落，操场上一阵欢呼。随后只见"族长"和"盟主"们，高举着姓氏大旗，吆喝着："姓张的同学快来我这里集合！""姓陈的孩子们，我们在这里……"全校"家族"要进行跨年级的大聚集，可不是一件容易的事儿。这不，有孩子就喊："老师，请问姓宋的在哪里集合啊？""老师，我找不到我的联盟了。"

一个名叫成功高端的孩子跑到主席台找到了我。

"小文老师，我的姓是两个字的，该去哪个家族啊？"为了让同学们更加清楚地了解自己的归属，我为各"家族"划分了"封地"：有在操场上的，有在小足球场的，还有在攀岩墙下……终于，熙熙攘攘中，孩子们终于在各"族长""盟主"的带领下回到各自的阵营里。端端也找到了自己的"家"。

开学典礼的第二环节，就是"家庭聚会"活动了。这是我们学校的第一次"混龄"活动。为了加速拉近"家人"之间的距离，让家人们彼此认识，让家族"动"起来，各"族长"和"盟主"，可谓煞费苦心。有的"家族"先来一场"头脑风暴"，让孩子们为自己的"家族"取个有意义的名字。孩子们七嘴八舌，有的说要霸气的，有的说要温馨的，还有的说要有个性的。家人们你一言我一语地出点子，一个个特别的家族名字就这样诞生啦："王"者归来、"杨"帆起航、义结"金"兰……还有的家族采用游戏的形式拉近彼此的距离，比如设计自己的姓氏图腾、在游戏中进行"爱的抱抱"，还有的在"击鼓传花"的游戏中先来一段才艺表演，自报家门。在花样繁多的开场活动中，刚刚还感觉"远隔天涯"的家人，一下子就亲近了。同学们纷纷介绍着自己的名字和名字的含意并在家族单上签上自己的大名，再寻找一处学校的美景，定格一张全家福，约定"家族公约"，期待下一次的聚会。

轰轰烈烈的家族活动中各族各盟都充满着孩子们的欢声笑语。我巡视于各阵营间时，在走廊间偶遇一个小伢儿！孩子很兴奋地叫住了我。

"小文老师!"

"原来是史史同学呀!"

"小文老师,今天的姓氏活动太好了,我们姓史的同学原来还有三个呢,你猜猜,我的姓有什么寓意?"

我看着孩子一脸骄傲的表情,说:"难道跟我的文一样,是贵族之后?"

"哈哈,对了,我现在真的一点都不怕别人给我取外号了呢,反而觉得很骄傲哦!"以前他总是很讨厌自己的姓,因为他被同学起了很多不文明的外号,还跟谐音"屎"有关。五花八门的外号总是让他很苦恼。现在能在这样的姓氏家族活动中找到自信,不是很有意义吗?

一场别样的开学典礼,我想不仅是孩子们的别样记忆,也是我刻骨铭心的记忆。我相信,还有更多的关于"百家姓"的故事,等着孩子们去创造……

等你来！一起来！

等你来，一起来，钱塘潮涌澎湃热情豪迈；

等你来，一起来，感受西子湖畔翠谷花海；

等你来，一起来，让亚运焰火映出你的风采；

等你来，一起来，让世界心心相融，爱达未来。

伴着一首《等你来》，舞台帷幕缓缓拉开……

阳春布德泽，万物生光辉。最是一年春好时，动动季如约而至~

随着冷焰火的喷发，九位老师穿着火红靓丽的服装，在小伢儿们面前惊喜亮相！台上舞蹈动感有力，台下惊呼声阵阵爆发……小朋友们纷纷擦亮眼睛，为自己的任课老师打call！

热舞结束，金光闪闪的奖杯上场，校长宣布大赛正式开始！耀眼的冷焰火再次喷发，又一次吸引了所有人的眼球！

别急，值得送上掌声和尖叫的，不止老师们带来的惊喜，还有各个年级精彩纷呈、创意不断的自编操！往下瞧——

首先上场的是一年级的同学，小脑袋里装着无数问号的好奇宝宝们，运动起来是那么的俏皮可爱！

一年级整齐有序的小火车呜呜开走，二年级的小伢儿喊着嘹亮的口号闪亮登台！

三、四、五、六年级身着精心挑选的服装，手持绚丽闪亮的道具，依次上场。在动作的开合间，在队形的变换间，我感受到同学们的小宇宙正在疯狂燃烧着！不论是在现场观看的评委们，还是在荧幕前观看直播的同学们，都不禁为他们竖起大拇指！

自编操比赛时队形中央有一张红色的桌子格外引人注目。桌上坐着一位女孩，女孩的双手跟着音乐节奏有力地挥舞着。她，名叫涵涵。

2019年一场突如其来的车祸，打乱了涵涵正常的生活。经历了重重手术治疗，但仍无法改变她右腿股骨颈缺血性坏死的事实，且进一步手术治疗要等她成年后才能进行。此后，两根拐杖便成了她出行的必备品。

今年3月，各班开始筹备自编操比赛。在一次练习中，涵涵像往常一样坐在一旁围观。音乐响起，她也突然跟着旋律摆动起了双手。我刚好看到了这一幕，于是那次训练后，我询问了涵涵的想法，在身体允许的情况下，让她坐着和同学们一起完成自编操。

接着，全班同学纷纷自觉当起了志愿者，每次去操场训练时，有帮忙搀扶上下楼的；有帮忙拿水杯的；还有当起了一对一教舞蹈动作的"小老师"。其实这样的帮助，自打涵涵来班级的第一天就存在了。交作业时，周围的同学会立即放下手头的事，将她的作业交给老师；午餐时间，同学们争着抢着帮她打饭；全校集会时，楼道人多拥堵，排在队伍最后的高个子总会默默护在她身后，以免她被别的孩子冲撞到……

在老师和同学们的热心帮助下，涵涵顺利完成了每一次训练，最终登上了比赛场。一曲终了，全班的孩子都向队形中央的红色桌子围拢，一双双小手似是有无穷的力量托起了桌上的舞者……

她，也成为了舞台中间最闪耀的新伢儿！

这是四季流转的活力之歌，是生命拔节成长的精彩遇见，自编操比赛的过程，给我们留下了许多值得回味的故事和难忘瞬间……

"好事多磨"的玉米棒

"我运动，我阳光，我快乐！""健体乐群、我们最棒！"阳阳兴致勃勃地回忆着"动动季"的口号，一如当年的那个热血少年。

"冬日暖阳下的操场，一条条红色横幅从屋顶花园悬挂下来，空气也顿时热情四溢。一至六年级的所有同学按照班级分成红、黄、蓝、绿四大方战队，每一个运动员额头上都绑着代表各自方阵的彩带。随着一声哨响，一年一度的校园'动动季'拉开了帷幕……"阳阳又津津有味地描述着，好像对于当时的比赛意犹未尽。

"无敌风火轮拼体力，超长毛毛虫比合作！"他眉飞色舞地描述着，好像回到了小学的赛场。

……

虽然已经告别母校，但是他如数家珍一般，对于当时的每一个活动，甚至每一个细节都念念不忘，尤其是那碧玉般珍贵的青南瓜和几根"好事多磨"的玉米棒。

事情像放映的电影般倒带回去：红方战队（由各个年级的一班组成）取得了团体胜利，奖品是性价比最高的青南瓜，二、三等奖依次是玉米、萝卜等。我们六年级的班代表发扬风格，先照顾弟弟妹妹们领完奖品，轮到我们班领奖品时，按照班级人数差了三份青南瓜，于是发放奖品的老师为我们补足了相应的玉米棒。

空气中夹杂着清新的南瓜香味，还有几丝成熟的玉米棒的味道。相比较而言，南瓜看上去魁梧可爱；玉米呢，就显得微不足道啦。鼻子灵的同学马上闻到了气味，眼睛敏锐的孩子也看到了一堆青绿色中突兀的几分黄色。空气顿时凝固起来，伢儿们提前预见了分配的麻烦事。果真如此，大受欢迎的是青南瓜，玉米棒受到了从来没有过的冷遇和嫌弃。因为，大家知道这代表着奖次不同，荣誉分量不同。

"平时午餐时，你们不是很喜欢吃玉米棒的吗？"

"是呀，小文老师，可这是二等奖的奖品啊！我们团队获得的可是一等奖啊！"

"谁来说说玉米棒可以做成什么美食啊？"

"玉米棒可以蒸煮，可以煲汤，可以烤着吃。"

"对啊，是不是？你们都考虑一下玉米棒的好处和它的心情。"

我特别在"心情"上，加重了些语气。

"噗嗤——"，大家都笑了起来。随即，又转入了沉默……

几分钟后，一只小手举了起来，班长带头认领了几枚玉米棒。

还剩下2份玉米棒。几簇淡褐色的璎珞子从淡青色的表皮里有气无力地垂挂下来，黄澄澄的果粒也变得害羞而尴尬。空气再一次凝固，教室再一次陷入寂静。

"我要玉米棒！还有，老师，我有一个提议：拿到青南瓜的同学可以邀请拿到玉米棒的同学一起进行一次假日小队活动，大家一起分享这份胜利的喜悦，不知可否？"

是他——平时就是班级里的智多星，此刻真可以说是老师的小救星啦！

他在这"好事多磨"之际想到了金点子，这其实也与老师心中最后的办法不谋而合！我向他投去赞许的目光。

听到他提议，教室里顿时炸开了锅：有开始组队的，有呼朋唤友的，有手疾眼快"抢夺"玉米棒的。为了食物的丰富多彩，刚才被冷落的玉米棒，成了抢手货！"好事多磨"的尴尬气氛也顿时烟消云散！我乐滋滋地看着刚才的"灾难场面"变成了"欢乐场面"，满怀欣慰。这个功劳当属于他，这叫——四两拨千斤。除此之外，班级良好的氛围也触动了这一股暖流的流淌，小伢儿们知道了相互体谅，特别是换一个角度看待问题，而这实属不易！

说到他，平时在跟他的爸爸妈妈沟通交流时，妈妈曾经无意中流露出一件烦心事：他有些自我，非常抵触有弟弟或妹妹。每次交流时，他总是不耐烦。父母着实为难，希望老师能劝解劝解。我知道，这个话题有点敏感，也不容易谈出成果，需要细水长流、润物无声。因此，有时候如需要大手拉小手（六年级孩子去帮助低年级孩子的活动）都会为他提供锻炼的机会，他倒也兴致勃勃，丝毫不排斥。

随着假日小队活动的开展，各种美食的图片都分享在班级群，有炸南瓜条的，有清炒小南瓜的，还有油煎南瓜饼的；玉米棒，更是深受欢迎，有煲汤的，有被烤得金灿灿的，还有被渲染成"美味食品"的，不一而足。评论区里，更是好评如潮：有夸赞同学厨艺的，有夸赞同学创意的，甚至还有同学说，这个味道不是用钱买得到的，那是一种团结合作、胜利成果的味道！还有的同学为此写了作文："……现在回想起那一刻无人认领玉米棒的尴尬场景，我真恨不得有条缝能钻进去。运动场上我们是获胜了，但是，在另一道选择题面前，我们差点输了。我们要感谢这些'好事多磨'的玉米棒。有了这些可爱的玉米棒，我们又一次胜利啦！懂得分享，懂得考虑他人……这次'动动季'，让我受益，终生难忘。"

此刻——毕业后的教师节，他又再次和其他同学来母校看望老师。他告诉我说，家里已经添了新成员，他有了一个漂亮的小妹妹！同学们都笑话他现在是货真价实的"迷妹"时，他反倒是大大方方地承认了，他说："当你握着一双柔软的、对你百分百充满信任的小手时，你的内心抗拒得了吗？我就是这样一天天被迷倒的吧。再说了，小文老师不也经常教育我们么，外表再酷再帅，都要有一颗柔软的心，就像上次在操场上，小文老师为了不让一条小青虫受到阳光的曝晒，用小竹棍把小青虫转移到青草丛里，你们难道忘了吗？"说完，他爽朗地笑出了声。最后，他承认，那次"动动季"上协助一年级的小朋友完成竞技项目时，握着柔弱的小手，耳朵里听着"大哥哥，大哥哥"的呼唤声，心已经开始动了，他觉得可以考虑爸爸妈妈的建议了……

窗户边的月季花散发着淡淡的清香。真好，美好的事物经过一整个冬天的蕴藏和酝酿，终于在春暖花开之际，绽放、繁盛。

"起死回生"的仓鼠夫妇

　　"小文老师，怡怡同学上报纸了！"走廊上我们班的小伢儿簇拥着一个戴着眼镜，扎着马尾的小女孩，兴奋地涌进办公室向我宣布这个好消息。

　　怡怡是个秀气又充满灵气的娇小女孩，她开心地告诉我，记者姐姐采访了她，救活仓鼠的事情上了《青年时报》。我打开电脑，一则新闻跳了出来，标题是《神了！文新小学有名学生，用按摩的手法让两只仓鼠"起死回生"！》。

　　孩子们一边读着新闻一边开心地大笑，都打趣地称怡怡为"大神"，我也由衷地为她感到高兴。说到"神医"的故事，还得从校园里的新伙伴说起。虽说校园里本就生机勃勃，有立体生态鱼池，有搭窝筑巢的喜鹊，还有很多只以校为家的野猫，但是真正的萌宠，还属这学期初搬来的四只小兔子和一对仓鼠，它们可是都有自己的大型豪华"别墅"的哦。萌宠别墅就建在学校综合楼后方 100 多平方米的"迷你树林"里，这里生长着香樟、杜英、紫苏等植物，是小伢儿们课余探索自然的乐园。

自从小主人入住"别墅"，小伢儿们一下子乐开了花，还给四只兔子取了名字——小文、小新、黑木耳、困困，两只仓鼠则是仓鼠夫妇。每天课间、午间，孩子们都会成群结队地跑到"别墅"前，拎着从家里带来的装了各种蔬菜的塑料袋去探望萌宠朋友们。这些活泼可爱的小动物好像也很满意新的环境，大快朵颐着孩子们每日提供的自助大餐，不时蹦蹦跳跳，追逐打闹，看得孩子们移不开眼。很快，它们萌萌哒的姿态就征服了孩子们，让他们忍不住想去逗逗它们，摸摸它们，赶赶它们，看看它们奔跑的样子。这可把它们累坏了、吓坏了。一段时间后，小宠物们似乎越来越懒了，吃得也越来越少了，孩子们最喜欢的还是给他们喂食，他们拿来各种水果、蔬菜，还有的孩子拔了各类草，摘了各种叶，想要引起小宠物们的食欲。可是小宠物们似乎并不感兴趣。没过多久，兔子别墅相继传来噩耗，有三只兔子相继去世，只剩下了困困，孩子们伤心极了。保安阿姨把兔子埋在了"别墅"旁边的大树底下，这样它们可以继续陪着同学们。又过了半个月，几名学生来到仓鼠的别墅时，发现仓鼠夫妇一动不动地倒在了别墅里，他们立即告诉了老师。大家都很沮丧，所有小朋友都觉得自己养不活小宠物们了。

　　就在老师和同学们像泄了气的皮球时，有一个小女孩却不愿意相信这个事实，或者是不愿意轻易放弃任何一个生命。她就是故事的主人公——怡怡。她在得知仓鼠夫妇不行了的消息后，当即叫了一个好朋友，一起去仓鼠别墅，偷偷把它们抱了出来。事后她说："我当时也不能确定它们是不是真的死了，只是抱着试试看的想法。"她偷偷地将两只仓鼠带回了教室，将它们放在手里不停地给它们的肚子进行按摩。下课了，小仓鼠们忽然动了一下，怡怡把它们小心翼翼捧到我面前，激动地把这个好消息告诉了我。她说："小文老师，仓鼠们没有死，我把它们抱来按摩了一节课，你看，它们已经开始动了，再坚持给它们按摩，它们一定会好起来的！"掌心里的小仓鼠们闭着眼睛，很努力地动了动自己的小爪子，似乎想要证明自己还活着呢！怡怡用渴望的眼神看着我，可能是怕我阻止她的行为——以为我会因为不卫生或者扰乱课堂纪律而阻止她。可是她不知道，此时的我仿佛看见小时候的自己，也曾经舍不得一只将死的小鸡，把它放到还有余温的灶头上暖身子，还对着它的嘴吹气。是呀，任何一个生命都值得被珍惜，这不就是最好的生命教育吗？现在我又怎么会去阻止一个这么善良、有爱又勇敢的孩子呢？我对她说："你真厉害！我支持你！"在她的指导下，好朋友小雨也参加了救治行动。按摩坚持到了中午，她们就好像两个救死扶伤的天使一样，按摩的动作一刻不停。奇迹发生了，两只仓鼠竟然真的都"复活"了！就这样，仓鼠夫妇"起死回生"的故事，传遍了校园，登上了报纸。

据怡怡判断，两只仓鼠其实并没有死，只是得了"湿尾症"，她是通过按摩的治疗手法，让它们"起死回生"的。翻开怡怡的微信朋友圈，她时不时地会晒一些小动物。原来，她本来就是个养宠物小达人，家中养了不少动物，其中就有好几只仓鼠。"以前家里的仓鼠也得过类似的病，所以我还是比较有经验的。"怡怡对记者说道。

为了更好地照顾生病的仓鼠夫妇和兔子困困，怡怡还向校长申请，把它们接回自己的家中休养一段时间。这期间，她还用自己攒下来的零花钱带小兔子去宠物医院看病。一段时间后，三只动物宝贝又可以蹦蹦跳跳了。

它们回到学校后，其实怡怡心里还是有些不放心的，生怕它们再次受伤。为此，我们班主动承包了饲养任务，在怡怡的技术指导下，采购了专门的高质量兔子草料，限量免费提供给要喂食的同学，防止它们吃得过多过杂。此外，还在它们的别墅旁边贴上了温馨提示海报，并且在课间及中午同学们和小宠们互动时进行监管。每天专人负责为小动物们打扫卫生，更换隔尿垫，更换清洁的饮用水。日复一日，孩子们不怕脏和累，和小宠们建立了深深的感情。

仓鼠夫妇在怡怡的科学喂养和精心照料下，越来越健康，还有了自己的宝宝。作为校园名副其实的"团宠"，小伢儿们要想跟它们约会都要提前预约才能安排上呢……

鸡妈妈与鸡宝宝的故事

　　科学课上，潘老师让大家准备一个熟鸡蛋，观察鸡蛋各部分的结构。下课后，方方跑到潘老师面前，好奇地问："可以用酸奶机孵蛋吗？"潘老师觉得主意与众不同，鼓励他说："你可以试试呀！"

　　方方是个有心的孩子，回家后立刻开始行动了。我从方方妈妈的朋友圈里看到了方方在爸爸的指导下，果真拿出酸奶机开始了孵化实验。

　　说起孵鸡蛋，农村出身的我多次见过鸡妈妈孵出小鸡的场景。可惜，鸡妈妈总是竖着毛，不让人靠近。现在的我，偶然看到小鸡时，还是会如孩童般激动与欢喜。能不能让班级的孩子也跟方方一样孵一次小鸡、做一回"鸡妈妈"呢？我正挂念着这件事，机会就来了，潘老师告诉我学校里就有一台孵蛋机闲置着呢。我一听就乐了，真是天赐良机呀！

当机立断，我跟孩子们宣布了这个好消息。当我告诉孩子们可以试着孵小鸡时，大家的眼睛闪闪发亮，兴奋极了。是啊，城市里孩子的知识大多来自于书本、网络，钢筋水泥丛林中的孩子该比童年时的我更渴盼触摸那一份来自于生命的悸动吧！看到孩子们的激动劲儿，尽管我没有把握能孵出小鸡，但还是决定来一次大胆的尝试！

孵小鸡行动开始啦！孵蛋机就放在教室隔壁的乐器室（以下称为"观察室"）。为了便于辨认，每一个蛋宝宝都有自己的编号，每个同学还在鸡蛋上标上学号和日期。接下来这间观察室便成了全班孩子的牵挂，每天来看一眼蛋宝宝，变成了每个孩子到校后做的第一件事。我带着孩子们一起陪伴蛋宝宝的孵化，每天去看看孵化器的温度，观察鸡蛋的变化。查阅学习了孵鸡蛋的知识后，我们知道孵化中的鸡蛋不能用灯光直射，所以观察室的窗帘布总是拉得严严实实的。同学们进去观察，也只小心翼翼地开一盏灯。

一天天地等待，大家越来越焦急，温度会不会太高了？湿度会不会不够了？灯光会不会太强了？课间、午间总能听到孩子们在讨论小鸡的孵化情况。于是，他们自发地安排了日常照看表。无论晚上还是周末，都有同学来学校值班，看一看水少不少，温度高不高。如果有老师不小心开了观察室的日光灯，一定会引来一群人的尖叫声。有一个孩子这样记录当时孵蛋的心情："当我拿到一个受精过的鸡蛋，心里就在想，真的可以孵出鸡宝宝吗？有这么神奇？于是我小心翼翼地将受精蛋带到学校，把它们送进保温箱，它们要在里面足足待上 21 天，这期间我每天的心情都是激动的，也可以说很忐忑，怕孵不出来。特别是当我听到老师说鸡蛋在嘈杂的环境里会死亡，孵不出小鸡，碰巧鼓号队这周二又在这间教室里上课，非常吵，我的心就一直七上八下，担心我的蛋宝宝。"

其实作为第一次指导孩子们孵蛋的我来说，内心也和孩子们一样，既满心期待又有各种顾虑，担心各种因素导致孵蛋失败。为了孵蛋更稳妥，心中无底的我又邀请了经验丰富的保安阿姨对孩子们进行指导，经验丰富的保安阿姨指导孩子们用强光手电筒观察鸡蛋里面的变化，这个观察过程让同学们兴奋不已，并写下了观察日记：

第一天，我这个准妈妈小心翼翼地把鸡蛋放进孵化箱，加入了一定量的清水。

第三天，作为一个准妈妈的我，带着一颗好奇的心拿着强光手电筒去照蛋。奇迹出现！在强光手电筒的照射下，可以看到胚盘已扩展并被红色的血管围成樱桃形，丝丝血管就像通往生命的道路。

第五天，我又带着好奇心，拿着强光手电筒去照蛋。宏伟的生命在搏动——在强光手电筒的照射下可以清晰地看到透明体中搏动着的小红点，这个小红点应该就是生命之源——心脏吧。

第十三天，用强光手电筒照蛋，小鸡眼睛清晰可见，胚体完全。

第十五天，强光手电筒照射几乎看不清楚里面的状况。了解到以后的日子很关键：雏鸡由囊呼吸过渡到肺呼吸，雏鸡蓄积力量，准备出壳。我这个准妈妈再也不敢用手电筒去照他们了。

……

在观察过程中，我也和孩子们一样，第一次看到了蛋壳里的秘密，从红色的血管到心脏的出现，再到小鸡的胚体形成，生命的形成过程也深深地震撼了我这名老师。书本上的知识就这么活生生地展现在我们面前，这是一次多么新奇有趣的探究之旅啊！我要感谢我的孩子们，是他们的热情感染了我，让我有勇气和他们一起开启一场生命学习之旅！

经过漫长的21天（临近期末考试前的一周），小鸡终于破壳而出。当第一只鸡宝宝啄破壳上的一个小洞后，这个消息让教室彻底"失控"，每节课下课铃声一响，"哗啦啦"，孩子们就以迅雷不及掩耳之势冲到观察室外面排好了队，等待着轮流安静地进去看。想来也真是不容易，那么激动的孩子在里面却要压低声音、小心翼翼！随着第一只鸡宝宝破壳而出，剩余的小鸡也接二连三地出来了。但是，也有同学的鸡蛋没有破壳，同学们倍感惋惜，我忍住遗憾安慰同学们：这就是大自然的优胜劣汰，我们要尊重自然规律！

从保温箱里出来的 18 只鸡宝宝被暂时养到了一个大脸盆里，嫩黄的、毛茸茸的小生命叽叽叽叽地叫着，校园里人气最高的就是这些萌宠啦！不仅仅是我们班的孩子想养，别的班级的孩子也想认养。如何合理分配任务，让鸡宝宝健康顺利地长大呢？在刚出生一周的时间里，我和孩子们一起给小鸡换水、喂食、换垫子，我心里一直考虑这个分配的难题。为了更好地指导孩子们专业地饲养小鸡，学校邀请了饲养小鸡的专家来给孩子们讲一讲怎样做一个聪明的"鸡妈妈"。孩子们认真记笔记，增长了不少做"鸡妈妈"的经验。

首先，要给鸡宝宝们准备一个窝，窝里要有水、食物、一个垫子。不要认为垫子是给小鸡睡的床，而是因为小鸡它会随地方便，垫子是保持卫生用的。

其次，要提供给它们活动的机会和场地，还要准备一些沙子。因为一个月后，小鸡的绒毛会换成羽毛，羽毛才是鸡真正的毛。

最后，特别要注意，小鸡是不可以碰水的，它们的绒毛还不具备防水的功能。

随着鸡宝宝们的茁壮成长，我又在班级里举行了一次认领活动。只有有责任心的孩子才有资格领养，还要经过一个申请、筛选的过程。这下子就连平时害怕写作文的同学都端端正正地书写了申请书，每个孩子都争着抢着做"鸡妈妈"呢！我根据申请书和孩子们家里的饲养条件进行任务分配，比如家里有院子可以让小鸡活动的优先，已经孵化成功的孩子也能优先，每一个获得优先权的孩子背后都有满满的期待！星星同学好不容易获得了第一批认养资格，他的感言情真意切："盼星星盼月亮，学校里孵的小鸡虎斑跟蛋黄终于来到了我们家。我已经把她们俩视为我们家的一分子了。妈妈早早准备好了泡过的小米粒，烧过的凉开水。我跟妹妹坐在旁边全神贯注地看着小鸡吃食，感觉很幸福。我会用心呵护它们长大，我想：慢慢的我会和虎斑、蛋黄产生更加深厚的感情。"

就这样小鸡慢慢成长了大鸡，有几只生了鸡蛋，我还品尝到了文文同学养的鸡宝宝的头生蛋。特别值得一提的是，那些养到乡下的大鸡，小主人们说要一直一直养下去……

"团宠羊"的故事

"听说五年级的大哥哥大姐姐养了两只鸡，叫——五黑、一绿。"

"好羡慕啊！要是我们年级也能认养就好了，我要每天去看它们。"

……

课余无意间听到孩子们的议论，我怦然心动。孩子们这么热爱小动物，我应该帮助他们满足小心愿呀！

想什么来什么。恰好朋友单位基地有好几只刚出生没多久的小羊，愿意送几只给学校——而且是一公一母两只小羊，等小羊养到两个月的时候就送到学校来！

消息一经传出就在校园里引起轰动，两只小羊还没入驻就成了孩子们的团宠，经过集思广益，最后根据它们各自的外形特点给他们起名叫"墨墨黑"和"黄哈哈"。之后，同学们每天都围绕羊的话题展开热议：

"学校里真的会养羊吗？"

"小羊住在哪里呢？"

"小羊叫起来会不会影响我们上课啊？"

"羊吃什么？我可以负责喂养。"

……

团宠入驻，首先要解决它们的住宿问题。我带着"食物花园"社团的同学们率先行动起来，我们考察了校园的每个角落，孩子们经过商量和讨论，最后确定"小羊别墅"建造的最佳位置——学校大门北面的空地上。同学们的想法是：此处离小区居民楼比较远，离教学楼也有点距离，不会因为小羊的叫声和产生的粪便干扰到附近居民的生活或影响到同学们上课。同学们还特地观察了光照的情况，发现这里冬天能照到阳光，夏天有树阴遮挡可以避免太热。

接下来，我在社团课上向孩子们介绍了饲养场的羊舍是怎样建造的，要满足哪些条件，然后讨论归纳我们的"小羊别墅"的设计要求：就地取材，成品不能过高，要通风、防水、保暖，有足够的活动空间……我们的小设计师们经过认真的思考和酝酿，一张张具有"专业水准"的图纸出炉了。

从设计图上可以看出来，大家充分考虑了小羊的需求，睡觉区、喂食区、活动区都包含在内，有的还考虑到粪便的清理，在羊舍最下面设计了一个斜坡，以便让小羊的粪便自动滑落到收集槽内。

为了让设计更直观地呈现出来，也便于后续更好的按设计进行搭建，我继续带着同学们进行实物建模。同学们利用纸板、小棒等，花了整整两节课时间，根据自己的设计图按小组完成了建模。

星星同学的"小羊别墅"搭建得最为豪华，一共分三进，最前面是宽敞的活动区，第二进小羊可以沿着斜坡走进一个顶部敞亮的天井，保证采光和通风，最里面是小羊的睡觉区。

班级中有四位能干的同学已经迫不及待，用小竹棒搭建了一座非常精致的"小羊别墅"，架空设计，上层分两间，把以后羊宝宝的居住场所也考虑进去了。

就这样，同学们一一展示自己的设计，并作了详细的设计说明，其他同学边听边提出修改意见。经过多次的修改和完善，设计部分终于完成了。

春暖花开，终于迎来了正式搭建的大喜日子。一早，装着建"小羊别墅"需要的材料的车便来到了校园。我们的小设计师们也早就把设计图、实物模型以及之前收集的各种材料——旧栅栏、铁丝网格、游园时搭"草船借箭"留下的稻草、装饰用的假枫叶准备好了。

团结就是力量。一个上午，从测量到搭建，大家齐心协力，一座没有花费很多资金、大多是用废旧材料搭建的"小羊别墅"就这么建成了。居住区、休闲区，区域分明；上层堆粮、下层睡觉，宽敞舒适。

没想到小羊真的要入住了！这一下子引得一群萌娃各种眼红：

豆豆：小羊的别墅好大啊！比我的房间还要大。

新新：这个小羊别墅真豪华，我也想住这里。

还有各种"奇思妙想"：

刚刚：我能在羊圈旁种棵小花陪羊吗？

玉玉：多少能量币可以喂一次羊呢？

明明：我取的名字入选了吗？

亮亮：我能牵着羊去文新串门看鸡吗？

红红：我能带只猫来陪陪小羊吗？

……

老师们一边回答问题，一边在风中凌乱地思索着：让羊带着晨跑吧，估计全校都跑得快。让羊去自由串门吧，可以用能量币竞价遛羊。让羊们满校园乱窜吧，那体育课不是变成一次与羊的追逐了么。

……

"别墅"建成，小羊成功入住。这里瞬间成了校园里最热门的地方，一到下课，围栏周围就围满了新小伢们，他们用各种方法想引起小羊的特别关注。还有放学了也迟迟不愿意回家的小伢儿，他们就想和小羊多待一会儿。

如今，两只小羊对校园也越来越熟悉。即便是放假时，它们也悠哉乐哉、很是满足的样子。如何让它们在新家安居乐业、健康成长，这个项目已经成为我与孩子们接下来重点研究的课题啦！

新成员会是什么样子的呢？给它们起什么名字呢？怎么确保羊宝宝健康成长……关于羊宠们的讨论一直在持续，也成为同学们课余最热烈的话题。

一日校长"履职记"

春寒料峭，又是一个新学期，又是令人期待的新开始。

如果有一天学校给你特权，让你来做校长，你会怎么做？你又会做些什么？你将如何完成自己的工作呢？

……

也许这些问题你从来没有想过，也没有尝试过。但是有一天菲菲同学看到"校长妈妈"在门口值周，"校长妈妈"亲切地跟走进校门的每个同学打招呼。她忽然异想天开，也想当一天校长。她不仅这样想了，而且大胆地向我提出了申请：

"小文老师，我能用五百个能量币换一日校长的体验吗？"她的眼神里充满期待。

"做校长吗？"我诧异地看着她，"这得花费你这么多能量值，你舍得吗？"

"当然。"菲菲毫不犹豫地说，"我想试一试。"

"嗯，好吧。"我笑着拍了拍菲菲的肩膀说，"我帮你申请一下吧。"

于是"菲菲申请当一天校长"的申请书郑重其事地递到了校长室。几位校长呢，也认认真真地商量了。根据值日校长体验活动安排，"一日校长"主要采取跟岗制度完成体验，大家一致同意让菲菲试一试。但是学校有五位校长，每位校长的职责范围都不一样，那菲菲同学究竟该做哪些工作呢？于是学校在校会上组织了一次隆重的抽盲盒活动，最终菲菲抽到的是"一日郑校长"。

在参观过郑校长办公室并了解了她的日常工作内容后，菲菲选择了校门口站岗、校园巡视、班课观摩等几项工作跟岗。确定了履职日期，"菲菲校长"就走马上任了。

"同学，今天的饭菜好吃吗？"菲菲首先跟着郑校长去教室巡视同学们中午就餐的情况。她学着郑校长的样子，半蹲着弯下腰，略带紧张地问正在吃饭的学妹。

"好吃！"有个小朋友一边吃一边开心地回答。

"你是谁？"另一个小朋友一边津津有味地吃着一边充满疑惑地问。

"这是菲菲校长，她用能量币，换取了一日校长的体验。"郑校长站在一边，耐心地解释道。

"菲菲校长好！"全班同学甜甜地跟"菲菲校长"打招呼。

"希望你们喜欢学校的饭餐，不要浪费。"菲菲有点难为情又有点高兴，一本正经地回答道。跟随郑校长巡视一圈后，按照要求，她将观察到的各班级用餐情况——记录在值日校长工作手册上。等巡视结束，菲菲说她已经是饥肠辘辘了。

午饭后是学生的自主管理时间，菲菲继续跟着郑校长到各班巡视，看同学们的活动情况，顺便观察郑校长的工作。站在教室里，郑校长一边认真地批作业一边向自己班级的同学介绍"菲菲校长"：

"菲菲校长工作很认真，你们可以看看她的工作笔记。"郑校长一边批作业一边头也不抬地说。

"原来校长也要上课与批改作业啊！我原来以为校长的工作就是走走看看，管管别人就可以了。当校长也不容易呀！"菲菲心里默默地感叹道。

这时几个小伙伴好奇地凑过来张望，轻轻地嘀咕着：

"菲菲校长真神气！"

"我也想体验当一日校长。"

……

菲菲听着同学们的七嘴八舌，不由地也有点自豪，于是就跟几个同学介绍起自己获得这个体验日的前因后果。不知不觉，"菲菲校长"身边多了好几个粉丝呢！

批完了作业，郑校长神秘地说："菲菲校长，今天的体验日，我还给你准备了一个特殊的礼物哦！"

"真的吗？是什么？"菲菲激动地拉住郑校长的手臂，期待地问道。

"跟我来吧！这是我给你的特别小礼物！"

跟着郑校长的脚步，他们来到了食堂边上的"萌宠鸡屋"——在这里住着"小黑"与"小花"两只母鸡，它俩羽毛光亮、样子神气，一到下课的时候就有很多同学来鸡窝外面找它们，只可惜它俩脾气很大，总是躲在鸡舍里"闭门不见"。

"这个礼物是什么呢？""菲菲校长"都有点迫切期待了。只见郑校长递给她一根绳子，她牵着绳子，轻轻地把两只鸡拉出了鸡窝。

"啊，溜鸡！""菲菲校长"兴奋地喊起来。

"对啦！"郑校长提醒她蹲下身子，还可以摸摸它们的羽毛。"菲菲校长"抚摸着"小黑"和"小花"像丝绸一样顺滑的羽毛，跟着它们在绿色草坪上东踱踱、西逛逛，心里美滋滋的……

不觉到了下午放学的时间，菲菲又跟着郑校长迎着寒风在校门口将同学们一一送走，并完成"校长体验活动反馈任务单"的填写。这样"菲菲校长"一日履职才算结束。

"菲菲校长，今天感觉怎么样？"回到教室，做值日生的同学七嘴八舌地采访她，眼神中都有几分羡慕。

"嗯，超级棒！""菲菲校长"得意地说。其实此时此刻，她的脚可有点酸痛的感觉，在风中一站就是半小时，这个可不是一件轻松的事儿。

菲菲想：这一天"值日小校长"真是短暂又漫长，不仅要"扛饿"素质好，"耐寒"本领高，还要有"三头六臂"和"火眼金睛"啊！不过回想起遛鸡时候的快乐以及大家给予自己的鼓励，她又觉得这些累，很值得。

假如再积攒500个能量币，菲菲还想再做一次值日校长！

你笑起来真好看！

"你笑起来真好看，像春天的花儿一样……"

伴随着明快的乐声，一段段各具特色的纸杯舞闪亮登场。所谓纸杯舞，就是几个人围坐在一起，相互配合移动或者叠加杯子，整齐的动作、和谐的声音、错落有致的节奏带给人美的享受。只见表演者有的身着盛装，仿佛身处大舞台；有的衣着休闲，类似在健身。这些表演是孩子和家人一起完成的，有的是一家四口：爸爸妈妈加上两娃共同演绎的，有的还邀请了爷爷奶奶、外公外婆来助阵。不论动作是否娴熟、歌声是否整齐，隔着屏幕都能够感受到暖暖的爱意与无限的柔情。

为什么要布置这样一份特殊的作业呢？这还得从抗疫期间、居家隔离的日子开始说起。2021 年有一段时间，伴随着疫情的加重，所有的老师和孩子只能通过空中课堂进行隔空对话。第一次上网课，第一次尝试在线学习，还有第一次长时间待在家里，窗外渐渐春暖花开，而疫情的阴霾始终没有散去……大人的心里是焦虑不安的，孩子的心里是焦躁不宁的，到底什么时候才能复学上课呢？

为了让隔离的日子有一点生趣，也为了让因为居家学习而矛盾升级的亲子关系得到缓解，于是我们想出了一个游戏。恰好那几天临近三八国际妇女节，于是很多孩子选择把这个互动游戏作为礼物送给妈妈。

"你笑起来真好看，像春天的花一样……"各个班级的钉钉班级圈热火朝天，点开一看，很多是孩子们和妈妈一起"秀"的快乐片段。一张张笑脸在屏幕前浮现，有的孩子光和妈妈对视就忍俊不禁；有的孩子因为完美的演出和妈妈一起开怀大笑；有的孩子在练习中不断进步，妈妈就像忠实的粉丝一样使劲地为她鼓掌叫好。

"老师，秀秀季的表演我可能完成不了了……可以等两个月再给您看吗？"我正在兴致勃勃地欣赏着大家晒在班级圈中的作品，忽然有一条钉钉留言悄悄地跳入我的眼帘。

"怎么啦？"我正疑惑之际，消息却又被悄悄地撤回了。这让我心中的疑团更大了。高高一直是一个非常自律的孩子，居家学习期间的作业也一直完成的非常出色。他是碰到了什么困难吗？是妈妈不在家，还是妈妈不配合？……我不由地开始担心起来。

"但是，他怎么又撤回了消息呢？"我原本打算直接问高高，但是想到他秒删了留言，那一定是不愿意让我看见。高高是一个内向沉静的孩子，如果冒昧的追问，可能会让他觉得尴尬。左思右想，我决定再等等，先不做反馈，也不催促。我在一个个提交的作业后面，写上我热情洋溢的鼓励与真诚的祝福。

就这样我一边担心着一边等待着，默默期待高高的视频能够提交上来。我不知道为什么他迟迟不交，但是我知道他肯定有自己的理由。不管这个理由是否合情合理，但是必定会有一个解释。隔了好几天，高高的作业终于提交了，我兴奋地第一时间打开视频。

高高的视频是爷爷拍摄的，窗外漆黑一片，拍摄时应该天色已晚，所以画质也不是很清晰，甚至还有些抖动。他的对面是一台平板电脑，过了好一会儿，电脑那边才出现了妈妈的身影。

"妈妈！你终于接电话啦！我好想你啊！你在武汉还好吗？……"

"妈妈很好，你在家也要乖乖听爷爷的话，等疫情结束我就会平安回来了，我看到了你的留言，妈妈刚才有认真练习歌曲和动作哟！"我看到画面里的妈妈有些许哽咽，应该是有段时间没看到孩子了。

"太好了，妈妈。注意听音乐，别担心，我会唱得很大声的，你跟上我的节奏哼哼几句就可以啦！"高高开心的就像一只小喜鹊儿。

就这样，视频连线着妈妈，云端的妈妈听着可能延迟了几秒的音乐，隔着屏幕与他互动。虽然节奏并没有对上，需要合作的地方也不尽完美，但视频那一头的妈妈笑的很灿烂，视频这一头的高高唱得很起劲。

"你笑起来真好看，像春天的花儿一样……"俩人的合作不算很成功，妈妈好几次做错了动作，而高高呢，因为太激动唱的有点声嘶力竭。但是不知道怎么回事，我觉得这是我看到的最美的视频，也是我听到的最好听的歌声。看着看着，一颗泪珠不由滑下了我的脸庞。

"高高同学的作业真感人，高高妈妈的笑容真美丽！"我在视频下热情地赞美到。其他的爸爸妈妈大概也看到了这一份迟到的视频，纷纷在下面跟帖。

"向高高妈妈致敬！"

"白衣天使最美！"

"这份笑容最宝贵！"

……

所有同学都给高高喝彩，一时间，好像他也成了大家的英雄。原来，高高妈妈是一名医生，最近一段时间一直在抗疫最前线，已经很久没有回家了。他知道妈妈工作很忙而且很重要，也不敢经常打扰妈妈，直到这次秀秀季活动，高高才忍不住给妈妈透露了这个看似浪费时间的任务。只是妈妈实在是太忙了，在很长一段时间内都没有时间练习，更没有时间和她彩排，这导致他的作业一直没有办法按时间上交，也让她很长一段时间内焦虑、不安。

你想不做，但是你不甘心；你想催催妈妈，但是你又不忍心。怎么办呢，你一有机会就把这首歌唱给妈妈听，但是什么也不说；你一空下来就琢磨纸杯舞的动作，但是一直不去主动要求妈妈。这段时间内，你好像一下子长大了。妈妈怎么会不知道你的一番心意呢？她抽工作的间隙认真练习。妈妈说，这是忙碌中的一点休息，也是自己不懈努力的动力。

最后妈妈终于和你合作完成了这个舞蹈。虽然看上去很仓促，也不完美，但却是一份弥足珍贵的礼物。视频中妈妈还说，让你安心在家学习，妈妈和所有的白衣天使一起，一定能够守护好你的健康。正是因为妈妈的这些坚持与鼓励，让你一下子感受到如山的巍峨，如水的柔情。你知道了妈妈是勇敢的战士，你也知道了在家里安安心心学习也是跟妈妈并肩作战，所以你好像一下子长大了……

拍摄那天是你和妈妈第一次配合拍视频，但是你们都满心欢喜。借着这一份作业，你第一次在疫情期间跟妈妈有了近距离的接触，也第一次用这样的形式完成一份作业。

"妈妈，辛苦了！我爱你，女神节快乐！"视频的最后，你大声对着妈妈喊。

"儿子，加油！我也爱你，你的笑就是我的力量！"妈妈的面容在黑暗中有点模糊，声音却无比清晰与坚定。

"你笑起来真好看，像春天的花儿一样……"我看着视频当中兴致勃勃的你，不由为没有催促与指责你而庆幸。这份迟到的又有点粗糙的和谐之曲，却是链接你和妈妈之间最有力和美好的纽带。

一只幸福的小鸟

　　暖洋洋的春日午后，孩子们刚用好中餐，纷纷走出教室到操场上做游戏，校园里顿时热闹了起来。一只特别漂亮的小鸟也被吸引来了，它在校园里自由地飞来飞去，到处参观，最后它竟停落在男生天天的肩膀上，一种奇妙的缘分在孩子与小鸟之间产生了，天天很乐意，这只小鸟也很开心。

　　天天是一个高功能孤独症谱系中的阿斯伯格障碍者，喜欢独处，不合群，时常一个人躲在角落里安静地看书，他情绪上敏感且脆弱，容易产生过激反应，偶尔控制不住自己时会抓狂、自残，还会辱骂身边的老师、同学，而这只漂亮的小鸟对天天来说是一种突如其来的惊喜。

　　一大群孩子乐呵呵地围过来，摸一摸、看一看，兴奋极了，天天也兴奋极了，脸上洋溢着灿烂的笑容。我被这美好的画面深深地吸引住了，赶紧拿手机拍下来。

天天看到我不自觉地往后退了两步，想离开的样子，我用手轻轻摸摸他的头说："这只小鸟好漂亮、好可爱啊！我很喜欢它，我们一起去帮小鸟搭个窝，可以吗？"

天天受宠若惊，点了点头。走进办公室，天天有些拘束，手脚都不知道往哪里放，小鸟倒比他放得开，在办公室里东飞飞、西停停，怡然自得。

我找来一个上课用的收纳筐，并在里面铺了一个软软的坐垫，小鸟漂亮的新房子就做好了。这"房子"似乎拉近了天天和我之间的距离，他赶紧把小鸟轻轻地放进筐里，小鸟开心地唱起了歌，我笑了，天天也笑了："你为什么对这只小鸟这么好呀？今天你特别温柔！"

"鸟很可爱，而且我感觉到它喜欢我！"

"那你觉得，老师怎么样？"

"我觉得你很可爱——喜欢鸟的人都有柔软的心。"

叮铃铃，上课铃响了，我征求了天天的意见，天天同意暂时把小鸟寄存在办公室，自己回教室去上课。

下午第二节，我有一堂科学实验课，本来想把小鸟留在办公室，但是小鸟看到我拿着书本往外走，赶紧飞到我的肩膀上，跟着我一起去上课了。和小鸟一起上课，这可真是有史以来头一回啊，班里的学生都特别激动，这只小鸟一点都不怕生，一会儿飞到这个学生头上，一会儿飞到那个学生手上。我跟学生们说："小鸟来听课啦，大家表现要更好噢，不要发出特别大的声音，听讲认真、课堂表现好的学生课后可以跟小鸟合影。"于是，这堂课孩子们听得特别认真，全都静静地听，小鸟飞来飞去，但没有一个学生去打扰小鸟的自由。这真是一节有趣又有意义的科学课呀！下课后，我兑现承诺，当起摄影师，抓拍小鸟和孩子们快乐嬉戏的场景。

大课间铃声响起了，孩子们赶紧去操场锻炼了，小鸟又黏在我的肩膀上，赶也赶不走。

"这可真是一只黏人的小鸟啊！"我一边说一边回办公室。门外天天已等候多时，小鸟一看到天天就唰地一下飞到天天的手上，我和天天打趣："还别说呢，这小鸟似乎喜欢你更多一点！难怪你这么记挂它！"

天天脸上的笑容更灿烂了，温柔地看着小鸟，我温柔地看着他。如果说小鸟给我带来了惊喜，那么天天带给我的就是震撼。

我很意外，因为看到了平时老师口中的"刺猬"男孩的另一面，看到了他眼中的光。这温柔的目光应该就是天使之光吧！

快放学了，我和天天讨论小鸟的归宿："要不我们把它放生吧！"

天天虽然心里很舍不得，但还是点头表示同意了。于是我们把小鸟带到窗台边，尝试窗外放生，可小鸟一点离去的念头都没有，还眼巴巴地回望着……

这可怎么办？

天天说："小文老师，今晚让我把小鸟带回家养吧。我给妈妈打个电话，她会同意的。"于是，我决定让天天把小鸟带回家去养一个晚上。我对天天说："你一定要对它好一点哦，今天晚上你怎么跟小鸟一起度过的，明天回来告诉我。我负责发朋友圈，寻找小鸟的主人，争取明天完璧归赵！"天天开心地抱着小鸟回教室整理好书包回家了。

第二天早上，一位慈祥的奶奶踏着朝阳来到校园里认领小鸟，原来这是奶奶家养的一只虎皮鹦鹉，最喜欢小孩子啦！我跟奶奶讲述了鹦鹉在校园的新鲜事，特别讲了天天对它的精心呵护。奶奶对我说："学校真是孩子们的乐土，连小动物也喜欢来校园玩呢。前几天小区里楼上邻居的小狗，还有楼下邻居的小猫都是在校园找到的。你们的孩子真了不起，爱小动物的孩子一定是有爱心的孩子，以后一定会很了不起！"

那天当我在全班面前讲完这个故事，讲完奶奶的肯定以后，全班同学真诚地给予天天热烈的掌声。

"天天，你为什么这么喜欢小鸟？"

"因为我想当一只小鸟，无忧无虑、自由自在。"

"哦，太棒了，老师也有这样的愿望。"

"真的吗?"

"千真万确。天天,老师愿你做一只幸福的小鸟!"

"谢谢老师,会的。我要做这样一只幸福的小鸟!"

爷爷，我爱你！

你是一颗被家人捧上天的"小太阳"。

每次爷爷送你上学的时候，你总是趾高气扬地走在前面，爷爷呢就像是一个仆从低眉顺眼地跟在后面。有时候你还很不耐烦地吆喝爷爷："快点、快点，要迟到啦！"爷爷也不生气，也不着急，只是连声地说："跟上喽，跟上喽！"他的驼背载着你的大书包，看上去很滑稽。书包总是一耸一耸地从爷爷的背上滑下来，就好像是一个不安分的小娃娃，爷爷管不住他，只能不停地用手去护着，难怪走不快呢！

有几次我远远地跟在你们的后面，发现爷爷还得小心伺候你的早餐，像变戏法似的从布袋里掏出一样样东西塞到你的嘴里。一会儿是牛奶、一会儿是包子、一会儿是几片切好的苹果……爷爷手忙脚乱，你则不耐烦地嫌弃："牛奶不够热，不要！"

"包子不好吃，不要！"

"苹果不甜，不要！"

……

爷爷并不生气——就好像给皇上递奏折的臣子一般，一个劲地递出新的。他又从布袋里掏出其他好吃的，哄着你继续吃，生怕你饿坏了似的。

"爷爷，把书包给齐齐自己背着吧。"我走上来想把书包从爷爷的肩头卸下来。

"老师啊，很重的，很重的。"爷爷就像护着宝贝一样地扯着书包带子，连声说，"就到了，马上给，马上给！"

"齐齐，拿书包！"我只能缩回手，转过头来用眼神提醒你。

"我又不要他背！"你看见我就好像太阳遇到了云层遮盖，马上失去了嚣张的气焰。你"机敏"地从爷爷肩头抢过来书包，一溜烟地逃走了。

"爷爷，你看，齐齐能干着呢！"我笑着对爷爷说，"不用你帮啦！"

"好得很，好得很。"爷爷像个学生一样不好意思，"谢谢老师，现在的小娃娃，能干得很！"

爷爷站在那里，开始絮絮叨叨讲他与自己的小孙子的故事。他说自己很小的时候就离开父母参了军，一辈子走南闯北吃了很多苦，现在享受着天伦之乐，你给他带来了莫大的快乐，他怎么舍得再让你受他小时候的苦呢……我有点无奈，瞧这爷爷，明显的护犊子，完全没有放手的意思啊！

回到班级，我把你叫出了教室，狠狠地批评了你一顿："怎么能对爷爷这么吆三喝四的呢！"我点着你的鼻子"骂"——我想只有够"狠"，你才能"怕"。你默默地点头，眼神是闪烁的。看得出来你嘴上虽然不说话，但是心里不服气呢！

"爷爷是爸爸的爸爸，爷爷小时候吃过不少苦，我们要好好地爱爷爷！"没法子，只能多"牺牲"一点时间，摸着你的头，做一番语重心长的教育。

你眨巴着眼睛撅着嘴，轻轻地说："小文老师，我才在吃苦呢。爷爷的耳朵不好，跟他说话不大声一点他就听不见；爷爷吃饭这么慢还常常把饭剩在胡子上，实在有点脏兮兮；最要紧的是，我根本不要他来送我，但是他每天一早就好像跟屁虫一样地跟着我，我也没有办法啊！"

"那也还是要好好爱他呀！"看着你一副"全天下最委屈的样子"我是又好笑又好气，假装生气狠狠地拍了你的屁股，做出"没得商量"的专横模样："不准让爷爷给你背书包，不准对爷爷没礼貌！"

"爷爷爷爷我爱你，就像老鼠爱大米！"机灵的你就像完成作业一样，对我下了保证书。而我的这一掌倒像是给你贴了一张赦免令。你脚下生风，一溜烟逃走了。

这之后再看见你和爷爷一起来上学，书包已经乖乖地背在了你自己的肩上。只是你还是快步走在前面，爷爷驼着背跟在后面，有时候还得叫几句："慢点，慢点！"你不吼他，但是也不应他，只管自己急急地走着。一前一后的祖孙俩，每天上演"追逐戏"，虽然看着有点别扭，但是总算有所改变了。

这样大概有个小半年。我依然经常提醒你要对爷爷好一点呦，你嘴里"哦哦"地应着，眼神中写的依然是满不在乎——我有点无奈，苍白的说教是无法打动你的，只能像老和尚念经一样，隔一段时间就把你叫到面前来念叨一次。

转机出现在新年伊始。学校里组织了一场"百家百姓"的活动，我们班级负责布置的同学们去寻找家族的光荣历史，探寻祖上的闪亮足迹，然后编辑一本小书在开学第一课上进行交流。

开学的第一天，我又看到了你和爷爷，我看到了你身上明显的变化。今天你是和爷爷并排走的，而且你牢牢牵着爷爷的手，与他一边走一边聊天，看上去一点也不着急，对爷爷慢腾腾的步伐也显得极有耐心。看来，深入的采访真的发挥了作用，"小太阳"也找到了属于自己的光源啦。

回到学校，我故意把你拉到一角，装作啥也不知情："今天怎么这么懂事，知道照顾爷爷啦？"

"等一下你就知道啦！"你神秘地冲我笑了笑，脚下抹油又溜了。这小子，还跟我卖关子呢！

转眼就上课了，这是一个关于百家百姓的分享课。

你拿上来的小书鼓鼓囊囊的，好像有什么硬硬的东西顶着。同学们都很好奇，书里面到底夹的是什么。很多同学都站起来了，有些后排的同学还好奇地踮起了脚，期待地伸长了脖子。

你高高地举起你的研究成果——竟然是一枚闪亮的军功章。

爷爷从大衣柜里拿出了一个小木匣，又从小木匣里拿出一沓被手帕层层保护的奖状，最后在一叠泛黄的本子中拿出了一枚军功章。爷爷曾经参加过抗美援朝的战争，爷爷耳边曾经留下过弹痕，爷爷曾经为了解救战友跳进冰冷的江水，所以听力很差、脚上有陈伤……你眼睛闪亮，自豪地说："我的爷爷以前保家卫国是个战士，现在我也要向他学习做个了不起的人！我爱我的爷爷！"同学们热烈地鼓掌，向你投去羡慕的目光。

我也激动地鼓掌，向你竖起了大拇指。"小太阳"拨开云雾变得闪闪发亮啦！

（四）

夏之繁盛

"接天莲叶无穷碧、映日荷花别样红！"秀秀季，多彩的展台、绚烂的舞姿，如6月荷一般千姿百态。学习伴随经历，作业即为作品，校园正如博物馆。

有魔法的气球

　　"我说了，我不吃！"声音里火药味十足，吸引了教室里所有的目光。我赶紧向窗内望去，只见一张涨红的脸从同学堆里挤了出来，脸颊上还挂着两串泪珠，气冲冲地扔下餐盒跑出了教室。

　　看来我们班的"活火山"又被点爆了。我在心里默默叹气。你总是不断发脾气，今天是什么事情又让你这么不高兴呢？

　　我心中五味杂陈的猜测着，有点心烦意乱。走上教师岗位之前，我曾以为一个个孩子就像一朵朵娇嫩的小花，只要给足阳光与雨露，就能够自然绽放。

　　待到自己成为一名真正的老师之后才发现，并不是每一个孩子都如花盛开，瞧，这样的麻烦总是一桩接着一桩。

　　此时先让你冷静一下吧。我手上忙着打饭，心里一幕幕地回想，希望能够理出一点线索来。热闹的秀秀季在伢儿们的欢声笑语中步入尾声，我们一起读寓言故事，一起为新年送去暖声朗读，一起策划暖心书市，每一天你都显得兴致勃勃、开心极了。在今天午餐前的班会课，我也照例一一表扬了：游园会认真负责班级场地的工作人员；献出才艺表演和精彩童话剧的小演员们；出谋划策做好投票栏的小画家们；暖声朗诵的小达人们……同学们亮晶晶的眼睛望着我，每点到一个就笑开了花，我也努力让每个孩子都被表扬到，其中也包括你呀……

难道是领取能量币的时候发生矛盾了？我在脑海里继续搜寻线索。说到能量站，这可是最受同学们欢迎的加油站，小干部们认真分发能量币，登记到能量存折上，再换取班级能量站的一个个小礼物。通过自己的努力获得能量币，这对于孩子们来说都是无上的光荣，你会不会是因为没有得到自己想要的礼物而不开心呢？

我慢慢地有了一点头绪，默默给自己打气，等一下要跟你好好聊一聊。一个孩子一个样，可以鲜艳如花，可以青翠如草，也可以茁壮成树。即便都是花，也是有的开花早，有的开花迟，有的花中还带着刺呢，并不是雨露均沾就会一片勃勃生机，需要把握浇灌的时机，需要等待气候与温度，当然有时候也需要学一学"修枝剪叶"。

陆续给全班同学都分好了饭，伢儿们安安静静就餐的间隙，我找负责能量站的同学了解了情况。果然如此，原来你是因为奖励的能量币连最小的礼物都换不了，觉得所有的努力都白费了，瞬间竖起了全身的"小刺"，同学的好言劝说你都捂住耳朵不听，最后连饭也"罢吃"了，干脆把餐具用力一扔，冲出了教室。

我的心里有了底，派你的好朋友去把你叫回来。过了一会儿，只见一个黯然的小身影从后门溜进来，悄悄坐到了位置上。我悄悄地观察，只见脸上的泪痕还在，耷拉着脑袋显得没精打采。

我有点生气，也有点心疼。你就像一个小小的仙人掌。刺很坚硬，内心却很脆弱柔软，表面看上去不需要浇一点水，然而如果你真的不给它一点滋润，它很快就会枯萎。

等全班的饭菜都分完了，我拉住你的手，把你带到了办公室。

"阳阳，我知道没换到礼物，你心里一定是很不好受吧。"我没有质问你发脾气的原因，也没有批评你，而是先站在你的角度和你聊此刻的感受。

你的眼神里尽是委屈："反正我的努力都是白费！"

"不白费，能量币就是你获得的能量奖励啊！"

"可是太少了，都不够兑换最小的礼物。"你的眼泪夺眶而出。

我一手拉着你，一手拍着你的肩膀，说："老师看得到你的一点点进步。"

说着，我从办公桌旁拿出一枚装扮教室用的气球，告诉你："我认为你的努力配得上这个气球。"

你的眼睛一下子亮起来。

我郑重地表扬你："这次面对自己的脾气你的确是有进步的。老师还记得，你上次发脾气时冲出了教室，一个人跑去了操场，谁也不理；这次你已经能够坐在位置上，慢慢控制住自己的情绪了。所以老师要奖励你！"

我认认真真地将气球放到了你的手上，肯定地说："这说明你是个努力的孩子，下次一定能更好的处理自己的情绪。刚开学的时候，你面对同学们的劝说，会在班级里着急地大声喊叫，现在的你已经不会这么做了，你学会了想办法，先平复好情绪，这很棒！"

你的眼睛在发光，你没想到吧！我不仅没有批评你，反而表扬了你。

我高高兴兴地继续给你打气："我们可以期待继续进步！接下来获得更多的能量币；即便没拿到奖励，我们依旧继续努力不发脾气，怎么样？"

你点点头，似乎觉得并不难。

"真好，我们就是要这样，不能被一点点困难打败。你能答应小文老师，以后想发脾气时试着用跟老师倾诉、寻求同学帮助的方式来解决吗？"

你点头，摩挲着手中的气球，看得出你在思考。

"这是我们俩的小秘密。不过小心别让自己的"脾气小刺"把它扎破了哦！"

"嗯！我会努力的！"

"我们有没有什么好办法，更好地保护它呢？"

"可以给气球画上大大的笑脸，看到它我也会想笑！"看着你一边认真思考一边收起眼泪，我发现你的情绪已经平复了。

"再告诉你一个小秘密，美味的食物可以让身体高兴起来，身体高兴了，心情也会愉快起来哦！"

"今天的新年大餐里有我最喜欢的鸡块！不知道还有没有！我要去看看！"平复好心情，你马上有了食欲。

看着你拿着气球，一蹦一跳地跑回教室，我长长地舒了口气。这个像火山一样的小不点，可爱起来也好让人喜欢呢！

一晃这个学期已经结束了，每当你想竖起身上的小刺时，我就悄悄给阳阳比划一个气球，他也会报以会心一笑。慢慢地他能更好地控制和表达自己的情绪了，脸上的笑容也越来越多。就像守护着的气球一样——他知道要管住自己的脾气，不能让笑脸"爆"掉呢！

这棵小小的"仙人掌"，渐渐变得不再那么刺人了。尽管离优秀还有一段距离，但是我依旧为阳阳的成长而欣喜。也许有一天仙人掌也会开出美丽的花，可能与众不同，但是谁说那不是一道美丽的风景呢？

让四季美景停驻校园

6月，一个平常的日子，一场普通的家长会，校园里灯光璀璨，班级里灯火通明……

写到这，你一定以为这是一个平平无奇的夜晚吧。你猜测的没错，这的的确确是校园里无数个平凡小日子中的一个；但是你大概没想到，忽然之间很多报纸、媒体、新闻播报了这个夜晚，我们的校园一时之间"霸屏"朋友圈，摇身一变成为网红……

这到底是怎么回事呢？原来就在家长会的前几天，我把正大门两侧教学楼的玻璃上都蒙上了彩色玻璃纸，有淡淡的柠檬黄，有嫩嫩的草叶青，有粉粉的桃花红，教室窗户上这些透明的玻璃纸在灯光的照耀下五彩斑斓，一时之间，让与会的家长们惊呼好像走进了电影《我和我的家乡》当中的美好画面，纷纷拍照，热烈点赞，一时之间朋友圈都被这些五彩缤纷的梦幻之境吸引了，于是报纸来了，媒体来了，热度来了……

这就是我的校园我的家，在我的眼里，它美好而独特，每一个角落，都是一幅美丽生动的风景画。微风拂过，还有淡淡的花香、草香萦绕鼻尖，沁人心脾。

有一天，奇奇忽然跑过来，着急地说："小文老师，栀子花都掉在地上了。"

"谢了自然就掉了呀。"我没往心里去。

"可是掉了就不美了。"奇奇有几分伤感，难过地说："我不喜欢，我希望校园每一天都漂漂亮亮的。"

这孩子多么热爱校园啊。我心里柔软的地方被碰触了一下，于是认真地拉着他的手说："那我们一起想办法留住校园的美吧！"

"那要怎么做呢？"奇奇兴奋地问道。

"是呀，我们不能阻止栀子花掉落。"我笑着说："但是有没有其他办法能够让大家一直可以欣赏呢？"

"可以画下来！"说者无心，听者有意。奇奇好像得到了重大启示一样，灵光乍现，激动地说："可以把校园里每一个美丽的地方都画下来，把作品布置在每一个角落，这样，花儿永远不会凋零，美景永远不会消失。"

说干就干。在奇奇的建议下，全班同学开展了"让校园美景永驻"活动，小伢儿们分组去寻找校园的美景，开展了现场写生，又进行了认真修改，我把每一个同学的作品都展示在校园入门的大厅中。一张张五彩的绘画作品在灯光的掩映下，熠熠生辉。成功参与了这次画展后，伢儿们回到家津津乐道、充满自豪。言谈之中，既体现了对自己画作的满意，也体现了对校园的热爱。

没想到班级的活动竟得到了全校同学的积极响应。在大队部的积极推动下，全体新小伢还有模有样地开展了最佳"校园十景"的评比。

不到一星期，就有将近100名学生报名参加展览——在报名过程中，虽然也有孩子因为觉得自己作品不够优秀胆怯退缩的，但是经过我的鼓励，他们最后也都大胆地报了名。在校园里能够看到自己的作品，那是一件多么自豪的事情啊。从此以后，学校每两周就会更新一批孩子们的作品，而且我还把参展同学的姓名推送到微信圈，让同学、老师为他们点赞，让他们享受创作的"高光时刻"。可喜的是，我在家长的朋友圈看到了一个个点赞量极高的"童话世界"。

一次不经意的谈话、一个突然的想法，就这样化作了美丽的四季风景和童话世界。如今，这些画作已经成为校园四季里最美的风景。

我想，四季轮转，只要孩子们愿意画，我就将带着同学们一直画下去。把美装进眼里，留在心里。只要有一双发现美的眼睛，四季美景就能停驻在校园，永不凋谢！

窗边的小雏菊

　　"这是我带来的文竹。"

　　"这是有趣的小屁屁仙人球。"

　　"我的水仙花会在大家的祝福中绽放。"

　　……

　　一年一度的"秀秀季"如期而至，伢儿们为了装点班级拿来了许多漂亮的绿植，一时间，植物角被装点得煞是好看。

　　但是伢儿的热情往往是暂时的。随着节日的远去、时间的流逝，原本生机勃勃的植物角因缺乏日常照料而逐渐缺乏生机。有些绿植变成了枯草，有些小花只剩下败叶，原来郁郁葱葱的植物角都快变成一个"垃圾站"了。

　　最近我一直看着教室的这个角落在发愁，思索着如何解决这个棘手的问题，让这个小小的角落恢复它以往的生机与活力。

有一天，我早早到班里开窗通风，刚走到教室门口，就透过前门玻璃看到教室后边有一个白色的身影——是我们班的悠悠。她怎么突然这么早来教室了？我暂时停下脚步静静地在门外观察：原来她是在给我们班植物角的小盆栽们一个个修剪残枝并浇水。我倍感意外，在我心里的"学生档案"中，悠悠的关键词是"丢三落四""很害羞""有礼貌"，她如此细心的样子我还是第一次见。只见她很快将植物重新摆好，回到座位，我推门进去，她立刻拿出一本书挡住脸，似乎不想让我知道刚才做了什么。见状，我只是对她笑了笑，说了句早安，悠悠也只是害羞地礼貌回应，只字不提自己主动为班级做的好事。我心想：那就找个机会，让大家都知道这位默默无闻的"天使"做的点滴。

接下去的一个礼拜，悠悠依然是第一个到教室的，我发现她最喜欢那盆小雏菊，每次我站在门外观察，她对那盆小雏菊花的心思最多：细心地修剪小叶子、检查土壤状态、适当地浇水，然后把小雏菊放在有光照但温度适宜的窗边。

"哇哦，小雏菊又开花了，好漂亮呀——"有同学早上进班兴奋地说道，我下意识地瞥向悠悠，她脸上泛着淡淡的微笑，眼睛亮晶晶地望着窗边的小雏菊。

然而，还没等到我向大家公布这位默默无闻的"天使"，却有人提前"揭发"了她。这天有个小男孩神神秘秘地走到我边上向我"告密"："老师，我早上发现悠悠偷偷摸摸地在窗台上摸班里的小雏菊，我怀疑那些断了的小花是她摘去的！"

"哦？你亲眼看到了？"

"没有，但是我好几次都看到她看着那盆小雏菊，要不就是围着它转，分明就是很喜欢小雏菊，想占为己有。"

"要不这样，我把她叫来问问情况，你也在旁边帮我'观察观察'。"（悠悠来到我面前）

"悠悠，你是不是很喜欢班里的小雏菊？"

她望了一眼窗边："嗯，它很漂亮。"

"那你想不想把它带回家好好欣赏？"

"还是不要了，它在班里能让更多的同学欣赏到它的美，大家看到它心情都会很好。"

"那老师允许你放学后摘一朵吧，你可以回家栽在小花盆里土培。"

"那怎么行？"她紧张得涨红了脸。

"摘了它也会疼，别的同学也会觉得可惜。应该好好保护它才行。"

问到这时候，我让一旁的男生刘刘走上前，"小观察员，你觉得现在你的心中还有怀疑吗？"刘刘也挺不好意思地抿了抿嘴唇，"看样子她不像是会伤害小雏菊的人。"只见这孩子挺抱歉地对悠悠说道："对不起悠悠，刚才我怀疑你是摘花的人，是我误会你了。"我在一旁听后想到，这应该是合适的机会了，是时候让大家来瞧瞧班里这位默默付出的"天使"了。

"同学们，你们看看我们班的植物角，漂亮吗？"同学们纷纷点头。"超级神奇，秀秀节过去好一阵了它们还这么坚挺。"有个男生骄傲地说道。"那么老师很好奇，你们有谁曾主动去照料这些小植物吗？""我们有时候看到它们土壤够湿润的了就没有再去浇水。"我听到这话环顾了一圈教室，悠悠在我身边不好意思地举起了手。"啊？是悠悠？"同学们的脸上明显有些出乎意料的表情，悠悠见状略显尴尬，脸渐渐地红了起来，微微躲开了大家的眼神。"我作证。"我走上前道出了自己酝酿了好久的话，"两周前我便无意间发现悠悠天天早起到班里默默照顾植物角的植物们，"大家看向悠悠，她倒是尴尬地笑了笑，"与此同时，我也观察到除她以外好像大家都觉得植物们生机勃勃是一件理所当然的事，而忽略了它们也是需要被精心照料才能健康成长的。是我身边的这位'天使'，每天默默地做着没有人注意到的事。"悠悠的脸又变得红扑扑，不过这时候是带着点惊讶欣喜的害羞。

在大家赞赏的眼神中，我正式任命悠悠为班里小雏菊的"照顾专员"，她惊喜的眼睛亮闪闪地望着我，我悄悄眨了眨眼，在她耳边说："我知道它是你的最爱，好好照顾它哦！"

后来，每天早早地在教室见面成为我们不谋而合的小约定。我们差不多同一时间走进教室，我去开窗，她去护绿，彼此交换一个默契的眼神，微微一笑……

我真的很优秀……

"你很优秀，你很优秀，你真的、真的、真的很优秀！"课间我看几个同学在玩拍手游戏，觉得挺有意思，就在边上看他们玩。只见三四个同学围成一堆，相互击掌，用有节奏的短语在夸奖别人，在响亮的口号声中，好像获得了无穷的快乐。

一时之间，我也童心大发，加入了他们的游戏，顺便把动作与口令稍微修改了一下，变成自我肯定式的："我很优秀，我很优秀，我真、真的、真的很优秀！"没想到小伙伴拒绝跟我击掌，嘻嘻哈哈地告诉我这样的话，游戏就没法玩啦。

"还是一样玩嘛，夸夸我自己！"我满不在乎地跟他们说，"我喜欢我自己，我们每一个人都值得夸赞啊！"

"哈哈哈！"孩子们好像很不好意思，纷纷逃散了。

"来，说说你有什么优点。"我也不勉强他们，跟他们走回教室，顺便跟灵灵聊起了天。

"她跑步很快。"一个小伢儿说。

"她写字写的很漂亮。"另一个小伢儿也很自然地夸奖道。

"没有,这算什么优点啊。"灵灵闷闷不乐地说,"我的学习一般般。"从灵灵自我嫌弃的表情中,我感觉到灵灵对自己很不满意,甚至感觉哪哪都不好。

我看着灵灵很尴尬,又很排斥自己的表情,内心有些不是滋味。我们常常鼓励孩子们要自信,但是他们却不知道认可自己。而一个不会爱自己的孩子,怎么有力量去爱别人呢?现如今有很多成年人心里"住"着一个受伤的孩子,正是因为儿时对自己的不认可。

应该怎么帮他们呢?于是我尝试着引导、启发:"孩子们,你们回忆回忆,找一找在日常生活中,你觉得自己有哪些可爱之处?或者你做了什么事情会让自己觉得心情特别愉悦呢?"

这下可激发了他们的分享欲,仿佛瞬间打开了话匣子。

"我特别喜欢画黑板报,这学期我还成了黑板报的设计师兼管理员呢!"

"我当了我们班好几个同学的竹笛小师父,一有空就教他们吹竹笛,现在有几个同学已经进步了许多!我感觉自己挺厉害,挺有成就感的。"

"我平时经常给小区里面的流浪猫喂食,现在小猫看到我,就会向我跑来,不会害怕我。"

......

经过热烈的讨论，孩子们发现原来只要能够去做一些对别人有益的事情，就是非常可爱的。不仅如此，善良、友好的性格也是了不起的优点呢！刚刚还很怯懦的灵灵，经过大家的启发，终于找到了自己的一个小优点，你不好意思地说："好像我越剧唱得还行！"

看着灵灵不好意思的样子，我真有点着急。我知道灵灵的这项特长不是"还行"，而是"非常行"。为什么灵灵对于自己的优点如此不自信呢？

"要知道现在的小伙伴接受外来的新鲜事物较多，而我们本土的音乐文化越来越冷门，大家很难欣赏到其内在之美，能够去演绎就更难得。"

怎么让一直没有找到良好自我感觉的灵灵找到机会看到自己的闪光之处呢？我心里暗暗下定决心，要为她设立一个可以展现自我的舞台，让你闪闪发亮。

机会终于来了。这是一节戏剧欣赏课。虽然欣赏的是京剧，我特地加入了浙江戏曲的欣赏，又特意请灵灵准备了一段自己最擅长的越剧唱段在课堂上表演——我要让小伢儿们知道有特长也是非常了不起的，是值得骄傲的，同时借着灵灵的这个特长，正好可以帮助全班同学提升对本土音乐文化的热爱之情。

戏曲课展示环节，我请灵灵上台来表演，看得出来她很紧张，小脸涨得通红，但还没等她开口演唱，不少善良的同学已经响起了掌声，这仿佛让她有了些信心。你深吸一口气，随着伴奏开始演唱。一曲毕，她清透的嗓音、温婉的身姿、流畅的表演赢得了全班同学热烈的掌声。

灵灵害羞地笑了，大概第一次发现"无心插柳柳成荫"，这一个小小的特长让她也成为了一颗闪亮之星。我趁热打铁地问灵灵："你学越剧多久了？是什么让你坚持如此之久的？……"

在她还有点不好意思的回答中，大家才了解了：台上一分钟，台下十年功。特长并非一朝一夕就能学成的，而是需要长期的坚持。而灵灵一直以来都没有场合和机会去表现自己的这项爱好，但是那天热烈的掌声，让她的自信心得到了极大的鼓舞，大家都说这是中华民族的传统，而她是一名很优秀的继承者。就这一点你就非常了不起——不比考试的第一名差呢！

后来灵灵告诉我，赢得掌声的瞬间感觉不可思议，原来自己一直只看到自己学习上普普通通，没想到除了学习之外，自己也能如此闪光，如此了不起呀！

确实自信心就像是孩子心里的一颗星星，它是孩子对美好的向往和追求。有的孩子不知道它的用处，久而久之"星星"蒙上了灰，心里就不再那么亮堂了。看着别人都在"闪闪发光"，自己更显黯淡："我是不是真的很差呢？"特别是在受到学业上的挫折与打击的时候，他们更容易因此而全盘否定自己。所以作为教师，我们有责任帮这些孩子擦亮心中的那颗"星星"。

是的，即使没有特长，每一个孩子也是独一无二的那颗星星。为了让孩子们知道每一个自我都是与众不同的，我又带着他们一起创作了指纹画。小小的指纹画，大大的力量。创作前，孩子们观察自己与他人的指纹，发现自己的指纹有着特别的美。创作中，孩子们构思着，用自己最独特的指纹，完成最适合自己的小创意，有的画了小猫，表现自己温柔的性格；有的画了小象，表现自己灵敏的嗅觉……创作后，他们各自展示与分享，令我印象最深刻的是有个孩子画了鸵鸟表现自己——在弱点中寻找新的亮点。原来鸵鸟常常把头埋进沙子不是因为胆小怕事，而是因为它超赞的听觉可听到远处的声音，有利于及早避开危险，孩子想像鸵鸟一样有远见，拥有像鸵鸟一样的大长腿让自己的体育更棒！

我又和孩子们玩起了游戏，依然是拍手歌，依然把我当成主角，但是内容变得更加丰富了："我爱运动，我很优秀；我会做手工，我很优秀；我还会鸡蛋炒饭，我真的、真的、真的很优秀！"

"我爱旅游，我很优秀；我爱画画，我很优秀；我还会溜滑，我真的、真的、真的很优秀！"

……

　　我悄悄看灵灵。她的眼神有光，她的嘴角含笑，她的眉梢好像也在舞蹈。"

稻梦空间

我有着一个梦

埋在泥土中

深信它不同

光给了它希望

雨给了它滋养

它陪种子成长

——袁隆平《我有一个梦》

班队会上，我带着伢儿们唱起袁隆平爷爷作词的这首歌，回顾着他的梦想——禾下乘凉梦和杂交水稻覆盖全球梦，感受着他走过的艰辛与荣光，让大家交流自己的感受。

"要是水稻能不长虫子与杂草，农民伯伯就不用这么辛苦了。"奇奇说。

"如果花盆里就能种水稻，那我们是不是在家里就能看到一粒种子变成水稻的过程，这也是怀念袁爷爷的一种方式！"奇奇又突发奇想了。

"你这想法还真不错，要真有这样的稻子，小文老师在家也一定种上一大盆，这样我们离袁爷爷的梦想就更近了一些。"我笑着给奇奇点赞。

这样的实践活动是否具有可行性呢？伢儿们把班队课讨论的方案进行了整理，针对感兴趣的问题咨询了科学老师。没想到过了几天，同样也是科学老师的校长忽然来找我，说："小文老师，刚好有一个旱稻种植活动可以在室内尝试进行，听说你们年级组很有想法，就安排由你们来组织进行，你看怎样？"

"旱稻？要怎么种啊？"我有点疑惑。

"这个旱稻是新品种哦！不像原来的水稻需要那么多水，花盆里就能种。"校长解释道。

"真的吗？前两天还和孩子说，要是有这样的稻子就好了，原来科学家真的研究出来了啊！"我一阵惊喜。

就这样，一个营造"稻梦空间"的活动在校园拉开了序幕，我们希望通过这样的劳动实践活动，让新小伢了解一粒米的前世今生，从而树立珍惜粮食，坚持"光盘"的良好习惯，筑造一个充满希望的"稻香梦"。

如何才能让旱稻在学校成功"安家落户"呢？我们邀请

了种子公司的专家来校指导——选址就在屋顶的"空中花园"。望着充满希望的三块实验田，萌娃们都跃跃欲试。在专家以及老师的指导下，三块稻田很快就完成了播种。虽然脸上流着汗，手上沾了泥，萌娃们仍然掩饰不住内心的喜悦，期待着稻香满校园。至此，校园的"稻梦空间"也诞生了……

时间如奔跑的小马驹，萌娃们在校园里书声琅琅，安心学习；"稻梦空间"里的稻种在泥土中自由呼吸，萌发成长。很快，三块稻田就已经是绿油油的一片，风一吹，秧苗挥舞着叶片，仿佛在和大家打招呼。萌娃们满心欢喜地观察着秧苗，并及时记录下三种不同的播种方式的成长效果，做为劳动经验的积累。

为了能够扩大旱稻的种植面积，我们又置办了一批种植筐和营养土，实行分班管理、承包到人。萌娃们忙活得更加起劲：组装种植筐、分土到筐、搬筐到地，一系列步骤如此顺畅。一阵忙碌之后，再把浸泡了 12 个小时的旱稻种子种下去。萌娃们望着整整齐齐的种植筐，想象着 N 天之后长满生机的旱稻苗苗，仿佛真的置身于一片稻田之中，喜不自胜。

就这样，满怀期待的过了一天、两天、三天……一个星期过去了，种植筐里静悄悄，只有一两颗旱稻苗苗钻出来望着新奇的世界。这到底是怎么回事？是浇水太少了？不会呀，每天都有管理员来淋湿土面。是种子埋地太深了？不可能呀，几乎都是一个手指肚深，不会很深。那问题出在哪里？百思不得其解的情况下，我们又邀请了种子公司的专家来校指导。

"老师，我们按照原来的步骤种植旱稻，但是为什么没发芽呢？"

"因为你们用的是营养土。营养土是专门为了满足植物的生长需求配制而成的，营养土比普通土的营养成分好，比较肥沃。但是营养土比普通土更加疏松、透气。而旱稻种子需要在湿润土壤的包裹下才能唤醒发芽。可以把营养土和普通土进行配比，这样种子就能发芽了。"

"老师，那旱稻需要施肥吗？什么时候可以施肥？"

"旱稻第一次施肥是在旱稻长出 4—5 片叶子的时候，可以用营养元素丰富的复合肥。我这里带来了一袋，可以留给你们一些。"

"老师，如果丰收，一株旱稻大约可以结多少粒米？"

"一株旱稻大约结 150—180 粒米。"

……

萌娃们围绕在种子公司的专家身边，开启"十万个为什么"模式。专家答得细致，萌娃们听得入神，还真有点"小小农艺师"的样子呢！

在交流的过程中，专家注意到原来的三块试验田出现了断苗现象，恰逢下雨土地湿润，所以专家建议进行秧苗"移植"，也就是把生长密集的旱稻秧苗移植到有土地空缺的地方。这样既能保证秧苗均匀，又能保证肥料的充分利用。

不久放假了。暑假期间伢儿们每天都轮流到学校的"稻梦空间"照看旱稻秧苗，观察它们的长势，拍照、记录并及时在班级圈里进行分享。有一天，我翻看班级圈发现了一个很新鲜的词——分蘖"niè"期。分蘖是禾本科等植物在地面以下或接近地面处所发生的分枝。这与稻苗有什么关系呢？我赶紧和伢儿们开展了网络学习，并邀请新名词的介绍者杭杭做小老师跟大家做分享。她告诉大家旱稻的生长周期分为：秧苗期—分蘖期—长穗期—抽穗期—结实期。通过与网上不同阶段旱稻成长的照片做对比，她发现现在就是旱稻的"分蘖期"了。她还了解到，旱稻分蘖期也是稗（bài）草（恶性杂草）发生的高峰期，在这个时期进行杂草茎叶处理，可以有效地抑制和防除稗草。所以她赶紧把试验田里多余的杂草清除掉，以免影响旱稻的生长。听了杭杭有根有据的介绍，身为老师的我倒是产生了一种膜拜的感觉，这时候我是跟着她在学知识呢！

除了杭杭之外，其他的孩子也是这样全身心地投入，在他们的眼里这个"稻香梦"是香甜的、美好的、充满快乐的。暑假时，萱萱同学在台风"烟花"汛期期间不放心她的稻宝宝，冒着大雨，把种植旱稻的花盆搬到了屋檐下。凭着不断积累的种稻知识，她了解到，台风过后旱稻容易感染病菌，还有飞蛾、青虫之类的，非常需要来一个"健康护理"，但是该怎么做呢？这个锲而不舍的小农人请教了专家，把杀虫剂用水稀释，再轻轻地喷在水稻叶片上，帮它们消灭虫害。过了几天，她又从山脚边找来了一些腐殖质含量丰富的土壤，给旱稻加了一顿营养大餐。看着萱萱熟练地打理着水稻，连我也自叹不如呢！

风吹起稻浪

稻芒划过手掌

稻草在场上堆成垛

谷子迎着阳光哔啵作响

水田泛出一片橙黄

在这里，有一个"稻梦空间"正在生长；在这里，一个个充满希望的"稻香梦"也在酝酿……

"有贝而来"博物馆

有一天，很多孩子都昂着头在校园大厅停下了脚步，原来是被"有贝而来"的新馆吸引了，嘴里还发出"哇！哇——"的声音，很多孩子情不自禁地直接跑向博学楼，完全被深蓝色的墙壁、一块块的海洋生物牌所吸引。每到课间，贝壳馆的贝壳展品前总是围满了人，里三层外三层的。

别看这小小的贝壳，里面却蕴藏着大大的世界。贝壳的形状多种多样，贝壳的颜色也各不相同，不要认为只有在海边才可以看到贝壳，其实只要我们用心去发现，贝壳就在我们身边。蜗牛的壳、蛤蜊的壳，蛏子的壳、螺蛳的壳……它们都是贝类；也不要认为贝壳都是包裹在动物身体的外面，大家一定认识"海洋软式三兄弟"的鱿鱼、章鱼和乌贼吧，在它们的体内就有一个退化的内壳；更不要主观地判断贝壳只有两片或一片，其实有一种在北方海边常见的石鳖，它的背上贴附着多枚贝壳……

正因为贝壳奥妙无穷，所以学校成立了这个由"贝"而来贝壳馆——它是中国湿地博物馆开设的贝壳分馆，这是西湖区首家校园国家级博物馆分馆，展出中外珍奇贝类标本近600种1200余件，成为同学们最新的学习宝库。

全校同学都在关注着贝壳馆，尤其是周周，他还有了一个研究课题呢！他发现有些贝壳名称中的字没有拼音，不好认；贝壳展品只有贝壳名称，却没有关于贝壳的具体介绍；有些贝壳外形很像，但名称却大不一样，不好区分。他把自己的发现与困惑告诉了他的好朋友，谁知他们也都发现了这些现象，于是他们提出了个大胆的想法：为每个贝壳制作一张名片，这样大家就可以对贝壳有进一步的了解。

我非常支持这个提议，说："这是个很好的创意，但是就你们几个人要完成这么多贝壳的名片，工作量可不是一般的大哦！你们有想过这个问题吗？"

"那我们可以多找些人！"

"如果发动全年级的力量呢？"

"他们会愿意吗？"

"那就要靠你们了呀！想一想怎么去发动他们？"

第二天，周周一早就来找我了，"小文老师，我想到办法了！可以写个倡议书，想参与的同学可以参与进来，你说怎么样？"

我看着周周期待肯定的样子，马上说："可以啊！同时也可以给老师们写一封哦！老师们可是你们强有力的保障。"

三天后，一个"贝壳名片"的项目在六年级全体师生中产生了。我和六年级组的老师们根据各个学科的课程标准，聚焦贝壳名片，制定了这个项目的学习目标。

六年级的同学们也没有闲着，自行组队，自行认领了贝壳，利用课余时间开始收集相关的资料了。

就这样贝壳在简介之外，又有了一个富有个性的名字贴。但是新的问题又来了。一个午间，周周又来办公室找我了，略带沮丧地说："小文老师，有部分贝壳查无此'人'，难以介绍啊！"我开拓他的思路，提供给他一些专业的资料，提醒他可以去图书馆找，也可以上网试试。很快，他高兴地告诉我，资料不仅查到了，还有很多，那么如何选择信息进行发布呢？

经过小组讨论，确定要呈现贝壳的照片、该贝类生物的生活环境、该贝类生物的外形特色介绍。他们请教了美术老师、数学老师，学习以图画的形式真实地体现贝壳；请教了我，了解了地球七大洲四大洋的分布；请教了语文老师，学习撰写贝壳的名牌。

在老师们的协助下，在小组合作中，一张张贝壳名片产生了。在小伢儿们的共同努力下，贝壳馆不仅有了贝壳藏品，还有了 1200 张各具特色的贝壳名片。

贝壳的名片做好了，贝壳馆更完善了，那谁来当贝壳馆的小馆长呢？学生又提出了这个问题。

"首先，一定要喜欢贝壳。"

"喜欢不够吧，还要认识这些贝壳。"

"认识还不够，还要能说出这些贝壳的一些相关知识。"

……

校园内贴出了一张"招募小馆长"的通知，欢迎同学们踊跃报名，服务大家。启事一贴出去，来竞选的同学把整个贝壳馆都挤满了。这可怎么办呢？为了让有兴趣的同学都来试一试，我们进行了一场热烈的海选活动！

首先是由老师出七个板块的问题，让学生们抽签，回家就抽到的问题进行准备，第三天的中午，来一场现场比拼。

第三天的中午，刚过了 12 点，贝壳馆照样挤得满满当当，同学们个个胸有成竹，等待着 PK。

第四天一大早，就有学生来问，结果出来了吗？我选上了吗？

贝壳馆更加热闹了。每一个课间都络绎不绝，不过每个访客都问着同一件事，同一个问题：我选上了吗？实事求是地说，每个孩子各有千秋，老师也很难评出个一二，最后老师决定还是把聘用权交给学生，前四名的同学每个人录制一个视频，在晨会上向全校同学展示，由全校同学投票来决定小馆长的人选。

　　最后在同学们的见证下，所有热爱贝壳的同学都勇敢地站上了主席台，开展了自信、有趣的宣讲活动，然后由全体同学选举产生他们心目中最理想的馆长——所有的同学都有一颗彩球，喜欢谁的宣讲，就把彩球投入他所推荐的馆长身后的"能量柱"，谁的能量柱最高，谁就是大家心目中的首任馆长。

　　写到这里，贝壳馆招聘小馆长的活动也在轰轰烈烈中结束了。但贝壳馆的故事还在继续。

　　在贝壳馆逐渐被同学们所熟悉了解之后，它俨然已经成为文新校园的明星——不，不仅仅是校内明星，很多别的学校的老师、领导都远道而来，成为贝壳馆的粉丝。所以这时候我们的贝壳馆也迎来了自己的文创产品。

　　新小伢选择了不同的材料、不同的组合方式、不同的创意把贝壳这个"产品"包装得更加受人欢迎。有的将贝壳的样子画在T恤衫上，把贝壳"穿"身上；有的把贝壳镶嵌在陶器上、或把贝壳穿起来做成风铃，贝壳变成了家中的一道风景；最让人感到新奇的是同学们脑洞大开，用热缩片制作贝壳手机挂坠。

　　小小的贝壳、大大的世界。关于贝壳的研究与贝壳馆的开发，还有很多故事正在酝酿，等待着同学们更多有趣的探索……

博物馆奇遇记

"我怎么没赶上去博物馆游考的好时代呀?"与游考擦肩而过的五年级的小伢儿们对于这件事情一直耿耿于怀。

游考是文新一、二年级孩子们的新项目,已经形成校园印记、社区寻访、超市考查、博物馆探究并逐步向外扩大的四大版图,有最让学生心心念念的"现场闯关"游戏,难怪高年级的伢儿们遗憾早生了几年没赶上"好时代"。

经过激烈的头脑风暴,今年的游考主题敲定为"生存与环境"。以五育融合为导向,探究一种典型的湿地动物或植物,并依托场馆资源搜索它可以在湿地生存的原因。通过观察、测算、检索、绘制、表达等多学科概念与技能的综合化测评,同步达成学生的知识应用、问题解决、合作交往、创新实践等跨学科素养的提升。

确定了主题,接下来就是撸起袖子加油干了。项目组的老师们纷纷行动起来，因为博物馆场馆维修，项目设计组进行了三次踩点。

"这个蟹虽然展品很多，但是旁边没有相关的资料介绍，不合适。"

"落羽杉边上空间很大，同时安排两到三组没问题。"

最终根据博物馆布展情况，确定序厅和中国厅为活动展厅，结合标本和相关介绍的呈现情况，选择胡杨、红海榄等四种植物，珊瑚、弹涂鱼、中华鲟等 22 种动物为研究生物，并设计了游考卡以及入项活动的 PPT。

特别有意思的是，我们还邀请家长志愿者和任课老师共同担任游考的考官。虽然游考安排在工作日，但家长考官报名情况非常火爆。据班主任透露，因为家长的热情参与，学生分组从原定的五组扩展到十组。我们的家长考官可是要持证上岗的哦！在活动开始前，我给家长们进行了专门的培训，阐述了学校开展项目游考的教育理念以及活动安排，每位家长考官拿到一份考官职责和评价标准，明确角色的转变，做观察者和引导者，而非服务者。

伢儿们对活动充满期待和好奇。

"老师，游考是怎么回事？就是去博物馆参观吗？"

"老师，为什么要带尺子和彩泥？有什么用？"

科学老师悄悄进行了剧透，课上组织学生观看了世界上很多湿地的视频。

班主任老师则上了启动课，指导学生分组学习了《参观手册》，了解湿地博物馆的相关信息，知道怎么样做一个文明的参观者。还有一项重头戏，就是知道游考的内容以及评价标准，避免他们像无头苍蝇一样乱窜。

终于等到这一天了。如此欢快的旅程，即使负重徒步30分钟，也不觉得累呢！

"我们组要研究的动物是中华鲟，它在中国厅，我知道在哪里，我带你们去！"

"'鲟'这个字不认识，我拿出来字典查一查。"

新小伢们很兴奋地开始了探究之旅，通过观察，他们不仅用素描画下了中华鲟的样子，还用优美的语言进行了记录。

"远远望去，深棕色的中华鲟宛如一艘军舰，有趣极了！"

"中华鲟的鼻子长长的，远看好像一把宝剑。"

"中华鲟头部和身体背部是灰褐色，腹部灰白色，嘴巴像一个钢针。它有上万年的历史，所以被称为水生物的活化石。"

但马上他们就遇到了一个难题。"中华鲟不停地游来游去，我怎么测量它的体长啊？"

大家你一言我一语，期间还偷偷"学艺"——看看其他小组的方法，集思广益终于想出了一个办法：趁中华鲟没动的时候，一位同学先用手比划出它的长度，其他同学再用软尺测量两只手掌之间的距离，这大约就是中华鲟的身长。

"还要寻找中华鲟能够在湿地生存的原因，但我们找不到介绍中华鲟的相关信息。"确实，中国厅里有很多台触摸屏，中华鲟的信息会在哪台触摸屏上呢？小组成员分头行动，锁定目标。好不容易找到信息了，但要从满满一页的文字中提炼关键信息，难度确实很大啊。

"要不我们去体验影院看看视频介绍，说不定有答案哦！谁知道体验影院在哪呢？"

当伢儿问的时候，家长特别智慧地给出了引导。"你可以查找一下《参观手册》上的平面示意图，也可以问问场馆里的工作人员哦！"于是，就出现了这样生动的画面：几个孩子围着一张示意图指指点点，但似乎没能形成统一的意见。不一会儿，三个代表找到了场馆里巡视的保安，一问就清楚了。

通过查看资料、观看视频和请教工作人员等方法获取信息，孩子们得出中华鲟能在湿地生存的原因有三点：湿地是淡水；水温适宜；水里有鱼提供给它们丰富的食物。我们欣喜地看到，虽然遇到了难题，但大家并没有放弃，他们在积极找寻解决的办法，合理分工，相互协作，问题迎刃而解。

最后，伢儿们还要合作完成湿地生态的造型，看，不论是从整体布局还是色彩搭配，都让人眼前一亮啊！

班级钉钉群里的班级圈，记录下了新小伢这次游考的点点历程、点点惊喜。

商商同学说："库氏砗磲被誉为双贝壳之王，它像一把打开的大扇子，表面有皱纹，远远望去又像一只蝴蝶在翩翩起舞，有趣极了！我们用软尺测量它，发现它长约85厘米，需要小朋友张开双臂才能围住它。之后我们小组用超轻彩泥创作了作品——沙滩上的生态圈，在黄色的沙滩上有贝壳、螃蟹、椰树。通过这次游考，我知道了我们要保护生态环境，因为绿水青山就是金山银山"。

金金同学说："我在旁边的介绍上看到落羽杉是地球上活了几千万年的活化石，我们还用带的彩泥做了落羽杉。我还认识了很多动植物，比如榕树、贝壳、珊瑚、麋鹿等，回家后我还主动上网查找了更多落羽杉的资料呢。这次游考收获真大，保护动物，爱护环境，从我做起。"

其他小伢儿也纷纷留下了这次活动的感想与收获……

我没想到二年级的新小伢们在这次游考中表现的如此棒，他们善于思考，用各种各样的方法收集信息；他们学会合作，在小组配合下完成任务；他们勤于思考，在活动中感受到了人与自然，人与社会的融合……

小鬼当家！

娃们要游考，我却很伤脑……

看着眼前走过的这群小大人，犹记得我们一起经历的"小鬼当家"游考初级版——之所以说是初级，因为那是第一次组织孩子们去室外，在真实场景下应用考评，是一次新奇的尝试，但还存在许多不足。这一次游考地点定在了超市，如何能做出突破，玩出新意呢？

我作为本次活动的设计者和组织者，设想如果和去年一样只是买买买，感觉有点小小的不满足，如果买回来的东西可以继续深入应用，结合劳动实践，让"小鬼"来当家，将超市购买的食材做成美食，给爸爸妈妈烧上一顿饭，那可太有意义了！就这样，这次游考以"小鬼当家"为主题，任务驱动，强调生活应用，在这个基本思路的指引下，我和年级组的老师们细化了这次游考活动的方案，由此整个"小鬼当家"游考活动顺利诞生。

那么什么是驱动性任务呢？为了让孩子们更有参与感与挑战性，在征求了他们的意见后，项目组最终确定为家人制作一顿家庭早餐或者晚餐。孩子们要进行角色转换，开展一系列的策划活动。

第一阶段我会策划→做一个贴心营养师。

第二阶段我会购物→做一个购物小达人。

第三阶段我会分享→做一个当家小主厨。

活动开始了！同学们先回家调研爸爸妈妈的口味，从好吃又好做的角度开始了与爸爸妈妈之间的有趣对话。

李李：妈妈，你最喜欢吃什么？

妈妈：你知道的啊，我最喜欢吃螃蟹。

李李（面露难色）：妈妈，你怎么爱吃这个？这个我要买活的，然后怎么样把它杀死呢？而且应该很贵吧！

妈妈：那你说我爱吃什么好呢？

李李（思考）：要不番茄炒蛋吧，我的很多同学都准备做这个。

妈妈：……

看来爸爸妈妈的口味是可以为了孩子们更换的。

新小伢们调查完了，该"高参团队"上场了。语文老师帮助孩子们根据"营养平衡膳食宝塔"了解每人每天应该吃各类食物的克数，开始确定做菜的材料；数学老师和孩子们精心计算着各自需要的食材。平时只有妈妈操心的菜蔬现在纷纷落到小朋友的纸笔下：鲜香菇5个、番茄2个、毛豆100克……"中西结合、蔬菜为主"等各色菜单纷纷出炉。

写好了菜单，终于要出门买菜了，对老师们来说，带着160个萌娃外出买东西，都是头一次，这期间萌娃们可是趣事多多。他们拿着30元现金，去超市大采购，开始了人生初体验！有的孩子"下手"可是慎之又慎：先不急着买，妥妥逛一圈，在记录单上一一填好要买的菜品，仔细核算价格与重量；有的孩子非常有食品安全意识，包装盒上的价格、品牌、产地、日期等信息一样不错过，甚至连配料表也要一一研究；有的孩子很有理财意识，对优惠商品先摸个底，拿到的面包是买一送一的，直向别人炫耀；还有的孩子虚心好学，现场向售货阿姨请教，做凉拌黄瓜需要几根的量……当然"糗事"也不少，某位"贴心娃"想着给爸爸买瓶黑啤，可逛着逛着才发现丢了10元钱，预算顿时紧巴，纠结万分只得忍痛割爱；某位"马大哈"兴致勃勃买鸡蛋，临到收银台才发现拿的是"皮蛋"；某位小娃买好的鸡蛋拎回学校时发现已碎成了"生蛋汤"……

榜样小萌娃自然也不少：比如睿睿的清单上一共八样菜：肉、黄瓜、葱、豆腐、土豆、花菜、胡萝卜和冬瓜。加一加，刚好 29 元 8 角，非常精准！而麟麟所有菜品加起来正好是 30.03 元，那个超额的 3 分钱就"四舍五入"啦！厉害！

伢儿逛得很开心，老师们"监考"的也很认真呢。这个过程可是要考察孩子的文明素养、团结合作以及人际交往水平，购物清单的记录蕴含了字词语用、信息分析与处理，在钱币支配、元角分换算的过程中测评出运用所学知识解决生活真实问题的能力。

接下来的"考场"就到了各家厨房了。回家后，择菜、洗菜、烧菜都必须是伢儿们亲力亲为，爸爸妈妈拍照、摄像记录"考试"过程。做得最多的是番茄炒蛋和青菜汤，难度系数都不算高。伢儿们分享着创意与美食，还分享活动过程中印象最深刻的画面。其实大部分同学都是第一次做菜，状况百出：有个女生做了顿饭，被刀切到，被汤烫到，那叫一个惨烈；还有同学被油花溅到，差点烫出泡。不过，这在伢儿们的眼中，一切都充满趣味。"我觉得做菜很好玩，老有油溅到我手上，很 tang，但也很新奇、好玩。切东西也很好玩，rou 像一个 tiao 皮的小孩子，我怎么切也切不好。"

当然，也有"大神"挑战难度系数高的菜，女生王王就做了道创意菜，把自己喜欢的土豆，爸爸喜欢的鸡蛋，妈妈喜欢的黄瓜都用上了。摆盘非常漂亮，美其名曰"家树"，寓意为一棵全家人在一起团圆美满的幸福树。

那这会儿老师们又在干啥呢，一边盯着屏幕流口水，一边给孩子们评分呢。看着这满屏的分享与赞，我感受到这次"小鬼当家"活动中孩子们的成长，其实这对老师们来说又何尝不是一次成长。新小伢们的能力远比我想象中的更强，他们做出来的美味佳肴我还要好好学习呢！

跨越五千年的游园日

"同学，你拿着箭干嘛呀？太酷了吧！"

"小文老师，你还不知道吧？今天我们班的游园项目是——草船借箭啊！这，就是我要贡献给我朝的道具，亮不亮眼？"这个孩子一脸骄傲地说。

六一节是学校秀秀季课程的压轴成果展示篇章。作为大队辅导员的我早早地就穿好迎合主题的"民国装"在校门口迎接着小娃们。瞧，这边来了一群清朝的"阿哥、格格"，那边走来的是一群唐朝的"文人墨客"，对面还时不时窜出一个背着"武器的侠客"、穿着"土著服的原始人"……形形色色的装扮让校园变得好不热闹啊！

站在校门口，就可以听到优美的古乐演奏：悠悠笛子，婉转飘渺，如同天籁；细微悠长的古琴声，吟猱余韵，松沉旷远；清澈嘹亮的琵琶，时不时能让人感受到玉珠走盘的气势。

　　特别的日子，迎来特别的开场方式。你想知道为什么孩子们要装扮成不同的角色吗？我来偷偷告诉你！六一"秀秀节"，作为学校的四大节日之一，是孩子们充分秀才艺、秀个性的专属节日。今年，六一"秀秀节"的主题是"穿越历史上下五千年"，旨在让孩子了解中国的历史，穿越古今，走进中国古文化！

　　前期，为了让学生充分经历此次"穿越历史"项目全过程，发展合作、创新、思辨等学习技能，在班主任老师的带领下，孩子们先来了一场"头脑风暴"：选择哪个朝代？确定什么样的体验项目？如何来装扮教室？孩子们用各种方式查阅了资料，有的假日小队走进了博物馆，有的学生翻阅了"上下五千年"，还有的孩子通过采访建立用户体验。孩子们将自己的设想画成设计草图，还有的借助幻灯片演示，在班里进行了优选投票。"八仙过海，各显神通"，在各种思维的碰撞下，在全体师生的精心筹备下，"穿越历史"活动终于如期拉开了帷幕。

　　走进教学楼，我们的教室依次按照历史发展的顺序进行了特色布展："东汉"挂满了"刘"氏的锦旗；走进"三国"，"张飞牛肉"几个大字特别夺人眼球……此外，不同的朝代还设定了不同的项目体验游戏，我们的"游客"们，手上还有本"通关文牒"，每穿越一个朝代，过五关，斩六将，就能拿到

"通关印章"。

"快来看一看，瞧一瞧，又香又甜的糖人，走过路过不要错过啊。"闻声而去，只见这个"朝代"里，排满了长队，孩子们一个个都在等着糖人师父给他们做糖人呢。有兔子形状的，有鸭子形状的，还有孙悟空的呢。

"小文老师，你要不要也来一个？"

"哈哈，可以啊，不过你能先告诉我，糖人的由来么？"

"小文老师，你别想难倒我啊，我们这是宋朝！糖人就是出于宋代呢。我给您讲个故事吧：相传明朝时朱元璋为了自己的皇位能够一代代传下去，就造"功臣阁"火烧功臣。那时刘伯温侥幸被一个挑糖儿的老人救下，才逃过了一劫呢！"

"哦，原来糖人还有这个典故啊？"

"嗯，刘伯温从此隐姓埋名，天天挑着担子走街串巷，专卖糖了。后来，在制作的过程中，刘伯温创造性地把糖加热变软，制作成了各种糖人儿、小动物，深受大家的喜欢。"

"哈哈，谢谢你啊同学！收获了这个故事，小文老师觉得比吃到糖人还要值呢！宋朝，我喜欢！"

这一次的穿越盛会趣味故事有很多，体验的特色项目也有很多：如敲击古乐器"编钟"，山顶洞人带你过"山顶洞"，还有阿哥、格格教你学礼仪，等等。

孩子们说："小文老师，我最喜欢秀秀节啦！每年的秀秀节，我都可以穿自己喜欢的衣服。今年的秀秀节更特别，我在古色古韵里，感受到了诗词的美好，在穿越中了解了中国古文化。"

不仅是伢儿们，老师们也乐在其中。有位老师说："今年的秀秀节，我穿上了多年未穿的旗袍。孩子们夸我今天特别漂亮，我也心花怒放。跟着孩子一起过节，了解中国传统文化，是一种教育的浸润。"

家长朋友们也特别支持学校开展这样的活动，感慨地说："虽然不能跟孩子一起走进校园玩"穿越"，但通过孩子的分享，老师在班级群里晒的照片，我们就会有"身临其境"的感觉。感谢学校，总能给孩子不一样的礼物。"

轰轰烈烈的游园会，新小伢们穿梭在历史长河中，感受着变迁。当看到洋溢在孩子脸上的笑脸，相信，这又将是孩子们成长旅途中抹不去的闪光记忆。

毕业礼屋

"走过路过千万不要错过,各位科技迷、田园风、环保控、小清新的学弟学妹们——文新网红款树屋,绝对满足你所有想象! ……"远远地站在文新教学楼的楼梯口就听到同学们的吆喝,这又唱的是哪出戏呀? 原来,教室里即将举行今年毕业"礼"屋的设计产品发布会。

让我们跟随镜头回到两个月前……

六年级毕业班的孩子们,对母校有太多的怀念和不舍。教师节这一天,孩子们正在给老师们制作贺卡,边做边聊天。

文文说:"我们马上要毕业了,真想干一件轰轰烈烈的大事载入文新校史"。

欣欣哈哈大笑,说:"我也想送母校一份有意义的礼物呢!"

"我们可以马上成立一个工作小组,给'校长妈妈'写封信,把我们的想法告诉她,或许她能同意我们的提议呢。"

于是，一场"给母校的毕业礼物"创想在校园里弥漫开来。"你想给学校送上一份有什么纪念意义的毕业礼物？""老师，你最希望得到的毕业礼物是什么？"经过焦点小组的会议，最后确定在校园里搭建一座小木屋。

当伢儿们听到学校里要造自己设计的树屋，教室里顿时炸开了锅。树屋造在哪里？建成什么形状？有几层？简直就是十万个为什么。有些孩子忍不住开始在校园里踩点蹲位寻找最合适的地段，有些开始了分工合作并设计树屋草图，有些开始选择设想树屋的风格，等等。

毕业季课程——为校园建造一座小木屋正式开启。这是一项大工程，制定项目计划书必不可少。每个阶段要完成什么任务？最后通过哪些维度对项目进行评价？成果以什么样的形式发布？一张项目地图就是孩子们的行动指南。

瞧，六（2）中队正在围绕"建造怎样的树屋"主题下的"安全""美观""功能"等核心词进行激烈的头脑风暴呢！

"我们小组认为树屋当然应该选择木头材质，符合生态环保的理念。我们特别想要真正搭建在树上的木屋，但要保障安全的话，需要更细致地考虑其他因素。"

"我们觉得树屋应该体现出六年级毕业孩子的朝气蓬勃，因此在风格上彰显青春特点很重要，可以在色彩、摆设等细节上考虑。"

　　"我们小组认为树屋应该体现出功能性，结合科技智能设计树屋，利用太阳光能发电，语音式控制全屋。"

　　到底怎样的树屋是合适的呢？我们的设计不仅有同学助阵，还有强大的外援呢。在活动中孩子们遇上了树屋设计的"疑难杂症"时，还可以咨询咱班文文的爸爸，据说他是树屋建造之父，特别有经验。他俨然成了孩子们树屋设计的"百科全书"，让孩子的树屋设计迈向了新的高度。

　　当小组成员对于树屋设计框架达成统一的意见后，就着手开始制作模型了。自然风、轻奢风，没有孩子们想不到的。或以废纸、小棒为材料的淳朴，或以乐高积木为材料的高级，或引入智能、全息技术的现代。模型的造型不输当下流行的民宿。不仅有原古风、童话风的木屋模型，再来看这个科技风的，屋顶采用太阳能供电，墙面用上透光的有机玻璃，里面的迷你家具也很逼真，是用激光机切割出来的。"我爸爸是做大学流体力学实验仪器的，他们实验的材料就是用有机玻璃做的，我用他们实验的废料做了树屋，也算是物尽其用了，哈哈。"

　　"我们的树屋搭建在十米高的树上，因为视野很开阔，可以看到操场和操场上玩的同学，很舒服。"

　　"三层楼怎么爬上去？用这根爬楼的绳子，会不会有很大的危险性？"

　　"我们会增加一些围栏和隔板，更加安全。但确实制作模型的时候考虑欠佳，我们会采用你的意见修改树屋。"

这就是激烈的模型循环问诊环节，不禁惊叹孩子们细致的观察和如此全面的思考问题。

经过一轮的模型迭代，树屋项目成果发布会即将开始。文文同学想到为了更好地宣传设计理念，让观众看懂产品，不仅要有树屋的模型，还要有介绍卡和产品介绍人。

"你想得真周到，建议大家学习文文的做法。"我情不自禁地竖起了大拇指。"我们会统一制作一张互动卡，让参观的同学们说说感受，提提建议。"

"整个树屋设计像哥特风，四周设计木板以防夏天高温，并在四周利用植树原理进行绿化设计，想想是否可以再在内部设施方面也有匹配的风格"？

"我好喜欢这个有滑滑梯的两层楼高的树屋，如果做一个旋转滑滑梯，就更有趣了。"

在产品的评价阶段，我们不仅用"夸夸卡"进行有效的激励，还通过校园微信公众号进行海选投票，让家长们也参与其中。如此隆重的场面，让孩子们很自豪，难怪有孩子说："想到今后可能会用到我的设计为底稿建设校园小树屋，我就万分激动。我很欣慰，因为我觉得这是我对母校贡献最大的一次。"

就这样，毕业课程——树屋项目被各个媒体争相报道，有些毕业的学哥学姐直奔校园打卡，拍照留念。如今，小树屋又化身一变成了蘑菇养殖基地，开通了自助认养与购买方式，正发挥着它新的迭代价值呢！

后 记

办一所会生长的学校

人在校园中，人也在天地间。

教育，应生命关怀；学校，应是一个会生长的空间。

"办一所会生长的学校"，人文日新、美好生长的办学愿景镌刻在建筑的墙面上，美好生长的教育故事更深刻于师生心间。

回溯办学历程，2004年9月，隶属于杭州市西湖小学教育集团的文新校区诞生，在高速成长的10年中，我们着力复制母体学校优质的办学模式，进而展开规范化管理，但随着学校发展日趋成熟，我们发现一成不变的办学模式似乎使学校的发展进入瓶颈期。2015年9月，随着上级行政部门推进区域教育均衡的战略布局，杭州市文新小学法人独立。如何在高起点上促使办学"增值"，这是一个挑战，亦是新的发展契机。立在当下，管理者需要对学校自身的存在方式做出自觉的思考，需要对学校教育基础价值做出自己的选择。静心审辨自身的教育哲学，积极探寻生命成长的密码与节奏。我们认为，当教育者的视角真正投向对生命的珍视，教育即是一个顺应天性、自然而然的过程。

学校，如森林——生命林立的所在。学校教育，原本就是空间、人、课程、关系等各要素的和谐。以教育生态学的视域，建构一个以学习者为中心、以"生之萌"课程体系为内核，以丰富多能的生态环境为支撑、以多样生趣的学习方式与多维生动的评价模型为纽带的运作系统是学校教育规划的蓝图。

于是，我们共同期待，"办一所会生长的学校！"

一所会生长的学校，绝非几幢现代化建筑物的简单堆砌，当我们有意赋予它生命的属性，有限的空间便会释放出无限的精彩："会变的"校园环境是它漂亮的"肌肤"，"会长的"课程生活是它热忱的"血脉"，"有温度的"科学治理是它坚韧的"骨骼"，"毅美"的师生素养是它特别的"气质"……

一所会生长的学校，教师、学生乃至校园，是一种整体共生的存在，彼此独立又相互关联：师生间的情感与需求互动，成为学校存在的根本价值，教师的学教方式直接影响学生学习的质量；学校环境不仅仅在美好的视觉中，更要发挥"生命体栖息地"的功能效用。只有教师有成长，学校有发展，我们的孩子才会生长得更好！

一所会生长的学校，每一个孩子都如同一粒正在萌发的种子，有着自己的生命节律。老师要做的是：始终相信每一个生命都有独特的价值，接纳每一个生命的差异，保持对每一个生命变化的高期待，敬畏每一个生命自身蕴含的力量！以"爱"与"丰富"给予滋养，充分认可他们中的每一个、每一点一滴的进步，都是最美好的生长。

一所会生长的学校，课程的目的是指向生命的。课程的品质决定着校园生存的质量，小学六年，童年主场，我们将活动性、萌趣性、真实性贯穿于"新小伢"丰富的学习经历、丰富的生活体验、丰富的个性化创造过程中，不断提升着伢儿们对校园生活的满意度和幸福感。

由此，根植于自然和社会生态，基于校园课程场域构建，在整合与融通的教育视界里，以"真实的学习"为价值取向，重构"生命之萌·生活之萌·生存之萌"学习进阶的"生之萌"课程体系诞生并不断完善：春萌而动、夏盛而秀、秋收而香、冬蕴而暖，文新"萌娃"们的身心合着自然的节律舒张，在校园生态场中尽情勃发，学习力、生活力、共情力、创造力指数级增长，也产生了许许多多的成长故事。

文新独立八年啦，这些"生长"的故事即将付梓，别有感触：讲述"自己的故事"并不在于炫耀或给别人留下经验教训，而在于讲述的当下所发生的"自我的反思"与"自我的唤醒"，使我们能够理解自己是什么，以及正在被引向何方。这是学校发展的里程碑，亦是加油站。

感谢一路指引我们成长的专家，杭州师范大学的来文教授、浙江外国语学院的高亚兵教授、杭州市西湖区教育督导评估中心鲍雯雯博士、浙江省特级教师关祥荣督学、《浙江教育报》的言宏老师、浙大出版社的吴伟伟老师，是你们的无私帮助让我们始终充满信心！

感谢一直孜孜不倦的同仁们，"小文老师"看似只有一个，其实"小文老师"不止 40 个：郑雪琴、吕霞、石晶晶、吴伊依、詹玲玲、陈卓婷、陈丽亚、潘晓虹、吴培佩、汪雨春、赵丽、郑丽华、潘佳、祝灿琴、蔡丽丽、吴丽萍、罗园园、罗江敏、陶慧敏、金旦旦、李想、陆子瑜、吴晓婷、虞雪华、俞朱婧、朱红梅、王莹颖、郑淑颜、朱洁、徐晓媛、余慧阳、严佳黎……

有角落、有故事，儿童在中央；有情趣、有变化，校园会生长！

祝愿，我们的教育更美好！

2023 年 8 月